U0903250

软价值

量子时代的财富创造新范式

滕 泰◎著

中信出版集团 · 北京

图书在版编目（CIP）数据

软价值：量子时代的财富创造新范式/ 滕泰著 .
--北京：中信出版社，2017. 9
ISBN 978-7-5086-7868-9

Ⅰ. ①软… Ⅱ. ①滕… Ⅲ. ①价值论-研究 Ⅳ.
①F014. 31

中国版本图书馆 CIP 数据核字（2017）第 166488 号

软价值：量子时代的财富创造新范式

著　　者：滕　泰
出版发行：中信出版集团股份有限公司
（北京市朝阳区惠新东街甲 4 号富盛大厦 2 座　邮编　100029）
承 印 者：北京诚信伟业印刷有限公司

开　　本：787mm×1092mm　1/16　　印　　张：19. 75　　字　　数：240 千字
版　　次：2017 年 9 月第 1 版　　印　　次：2017 年 9 月第 1 次印刷
广告经营许可证：京朝工商广字第 8087 号
书　　号：ISBN 978-7-5086-7868-9
定　　价：55. 00 元

以前我们创造财富主要靠自然资源，今后要更多依靠人的资源；以前我们创造财富主要依靠劳动，今后主要靠智慧。

序　言

一

从财富和价值源泉角度定义，所谓农业，实际上是以地球表层土壤为财富源泉，利用动植物繁殖的规律来创造财富，总量受到地表环境和动植物生长周期的限制；所谓工业，是运用物理、化学规律加工地球资源来创造财富和价值，财富总量也日益受到资源供给和有限需求的限制。

在工业社会后期，地球资源在价值创造中所占据的比重越来越小，而人类的创造性思维创造的价值占比越来越大。例如，软件业基本不消耗地球资源，主要价值来自人的创造性思维；芯片作为其硬件基础，消耗的地球资源只是少量的硅，在芯片的整个价值中也只占很小的比重；文化娱乐产业也是这样，需要消耗的地球资源并不多，主要是靠主创人员的创造性思维。

在后工业时代，人的创造性思维已经成为价值创造的主要来源，这种来源于演员的表演、作家的创作、画家的活动、程序和软件编写者的思维、金融产品的设计、运动员的长期训练和临场发挥等差异性和创意性活动等价值形态，我们称之为“软价值”。研究发现，人类的创造性思维本质上与量子力学有密切的联系，因此研究、理解和掌握软价值的规律，就必须具备“量子思维”。

传统经济学教科书所传授的劳动价值论、三要素成本定价理论、内在价值或效用价值理论、供求关系曲线理论，都是20世纪以前的学者提出的，受到牛顿时代的世界观和哲学观的深刻影响，在软价值的世界里已经遇到了很多问题，比如一首歌曲、一个软件、一幅名画、一件古董、一场演讲、一手股票，到底怎么测算其劳动成本与要素成本？

事实上，在牛顿以后，物理学早已走过了狭义相对论、广义相对论、量子理论等阶段，而经济学价值理论却停滞在19世纪末期。虽然在硬财富的世界里，牛顿物理学的思维方式能够解释大部分物质财富的硬价值部分，但是在软价值的世界里，这样的思维和认知方式就难免造成很多认知的误区：受牛顿思维影响，传统经济学价值论一直在寻找纯客观的、绝对的、内在的价值，而对于知识产品、文化产品、信息产品、金融产品和其他服务产品而言，绝对的、客观的、内在的价值根本就不存在——软价值是相对的，软价值既不是纯客观的，也不是纯主观的，而是存在于主体与客体之间；软价值是不确定的，有时候只是一个概率，只有当观测者实施观测行为时它才能瞬间确定；有时候投入很多成本并不意味着产生软价值，有时候没有投入成本也可能产生巨大的软价值，就如同宇称不完全守恒一样，软价值也是不守恒的。

硬价值有专享性，必须一件件出售；而软价值有共享性，其产品的销售和定价方式都不是机械的，通常的软产品定价要么是会员费或转会费；要么是像会计师事务所或律师事务所按照不同的个案差别收费；要么是像金融产品一样拆成若干个标准份额交易；要么是像很多网络信息平台一样，有独特的平台收费方式。但是无论怎么改变收费方式，它的定价都主要取决于人们的认可、精神满足、关注度、流量、时间价值、风险价值，而不是传统经济学里的劳动价值、成本价值、内在价值、效用价值。

只有认识到人的创造性思维本质上是量子运动，在量子思维的基础上，我们才能正确地认识知识产业、文化产业、信息产业、金融产业、其他服务业的价值创造和分配规律，才可以在恰当的认识论基础上讨论：什么是文化产品的时间价值，什么是金融产品的信用价值和风险价值，什么是知识产品的社会心理价值，什么是信息产品的流量价值，如何铸造、度量、打捞、认定、测量、贴现各种形态的软价值。

正如万博软价值方程 $V=C \cdot N^m$，软价值既不取决于要素成本，也不取决于需求，甚至不取决于供求关系，软价值是由产品本体有效投入因子（C）、传播群体广度（N），以及软价值乘数（m）共同创造的。

二

软价值时代，不仅价值实现的路径更多地体现出弯曲和立体的特征，企业也在发生由“硬”到“软”的变化。以硬产品生产和销售为主要功能的硬企业，在向以软价值创造为主的软企业转变；固定岗位、固定任务、缺乏弹性的硬就业，也开始向多种身份、多种技能、多种未来的软就业转变。

软价值时代，不仅全社会财富结构形成软硬价值的“八二定律”，而且社会开始呈现“去中心化”与“开放、平等、共享”的新特征：每个人都可以参与到软价值的创造和销售中，每个人既是软产品的提供者，也是软价值的消费者；彻底打破了固化的空间与传统的生产和消费概念，全球任何一个人都可能与另一个人交互在一起，共同完成软价值的创造，并瞬间完成软价值的交易和传输，共享软价值带来的精神愉悦，家庭如此、城市如此、国家也如此——软价值，将成为全球经济的新范式。

在软价值时代，如果人们还抱着“物质财富观”不放，用硬价值的“算术级增长”去追赶软价值的“指数级增长”，结果一定会受到无情的冲击，就如同近现代制造业的发展曾经无情地冲击中小手工业者一样。

2015 年，在李克强总理召集的经济形势座谈会上，在谈到中国经济的结构性转型和新供给形成时，我举了奔驰和特斯拉的案例：“奔驰前总设计师说，他们卖的不是汽车，而是一件艺术品，只是碰巧它会跑。而特斯拉卖的也不仅是一辆交通工具，而是环保和时尚。”会后，李克强总理点评说：“很多人去日本买马桶盖，其实日本人卖的也不仅是马桶盖，而是健康和保健……以前我们创造财富主要靠自然资源，今后要更多依靠人的资源；以前我们创造财富主要靠劳动，今后更多靠智慧。”

总理的点评不仅简明地指出了经济转型的方向、方式和方法，而且引出了财富创造方式和价值源泉这一经济学原理问题。而我对于财富和价值源泉这个经济学原理问题的研究，源于 26 年前的大学时代发现经济学传统价值论不能解释很多现象的困惑：劳动价值论解释不了资本回报、风险报酬、品牌价值；要素价值论解释不了稀缺性报酬，更解释不了互联网领域和资本市场的各种弯曲的价值实现路径；效用价值论无法衡量飘忽不定的精神需求；供求决定论一旦遇到金融市场瞬间逆转的供求关系，或遇到文化艺术产品、知识产品、信息产品领域根本无法确定谁是生产者、谁是消费者的情况，也束手无策……带着这些理论与实践的困惑，我深入研究了经济学各个流派的价值理论、各个时代的经济思想，涉猎历史学、地理学、生物学、哲学、心理学……直到遇到物理学的量子理论，才终于找到了困惑我 26 年的问题的答案——软价值。

一旦发现了软价值的源泉和运动规律，自然也就找到了后工业时代很多问题的答案：软价值时代，那些正在经受冲击的传统制造业，应当如何利用软价值战略完成新的涅槃重生？软价值时代的财富流向和分配有哪些新趋势？企业软价值创造、软价值经营分别有哪些必备的战略？家庭和国家应当怎样迎接量子时代的挑战，拥抱软价值，引领财富创造的新潮流？在软价值时代，主要的社会经济风险既不是农业时代的周期性粮食危机，也不是工业时代的周期性生产过剩造成的经济危机，那么是哪些新的风险呢？

三

三年前在为我的《软财富》一书所写的序言中，十八届中央委员林左鸣先生这样写道："经济学理论的发展，今天确实到了必须更多地上升到哲学层面去思辨和形成理论突破的时候了。实际上，任何反映人类社会活动的哲学或思想，无一不是自然客观规律在人类社会文化中的衍射。如果说传统的经济学原理受到了牛顿力学科学规律的深刻影响，那么爱因斯坦的相对论、量子力学带来了什么样与之相对应的新经济学呢？滕泰先生的《软财富》一书的突出贡献，正在于为解决这样的短板大胆地付出了自己的努力。”

除了林左鸣先生的高度评价，多年来我在不同场合介绍我的“软价值”理论，在投资界得到了令人吃惊的认同和呼应。一批又一批专注于金融、书画、文物、邮票、影视、奇石、信息产品经营和研究的朋友听了都如同发现了新大陆。原来，这些企业家和投资家由于缺少正确的理论给他们经营的商品定价，在实践中都遇到了各种各样的问题，迫切需要新的价值理论。更可贵的是，一些正在从传统制造业向高端制造业和多元价值转型的企业家，如海尔集团的张瑞敏先生，在读了软价值理论之后也表示高度的认同，亲自为本书撰写了推荐。中国光大集团董事长唐双宁先生甚至表示软价值理论与其在光大的管理实践有“异曲同工之妙”。长江商学院的滕斌圣副院长更是从公司战略和经济转型的角度对软价值理论予以高度评价。

在学界，软价值理论也产生了越来越多的学术认同和共鸣，而且得到很多前辈和同行的鼓励、关心、爱护和支持。老一辈学者茅于轼先生、中欧商学院前院长刘吉先生，如今都已八十高龄，他们都与我素昧平生却在读完我十年前出版的《新财富论》后，先后用毛笔写来亲笔信，让我在惊喜之余深受鼓舞。还有一位给我很大鼓励的是晏智杰教授，晏老师曾担任北京大学经济学院院长达十年之久，培养了从总理、部长到大学校长、院长等学生无数，他作为国内经济学界研究经济学价值理论的权威，在2009年第一次听到我的新价值理论时就给予了极大的肯定、赞扬和支持，在《软价值》出版前又利用在广东考察途中的时间，认真阅读并写了几千字的点评文章。

还要感谢出版传媒界的同人对本书的厚爱。再次感谢三年前大力支持《软财富》出版的世纪华文书局的前总编辑周殿富先生、原副总编辑王水女士。周殿富先生曾经长期担任出版社社长、总编、省新闻出版局领导，作为一位出版界和理论界的前辈，他在2014年一口气读完《软财富》一书后，用钢笔写出长达九页的《〈软财富〉审稿意见及建议》，让我受益匪浅。

2016年8月，在《软价值》基本定稿时，我在美国之旅中的一个宾馆给中信出版集团副总编乔卫兵先生发了个微信介绍本书，乔副总编立即在中国的某高速公路上停下车打电话给我，对本书表示了浓厚的兴趣。回国后我与乔卫兵先生及其编辑团队进行了多次深入的讨论，决定把量子理论的基本原理引入本书，并把本书定名为《软价值》。为了把量子理论的相关原理引入经济学并能够通俗地表达出来，也为了把这个经济学的创新理论探索改写成更通俗易懂的非专业书籍以便让更多的人了解，我和我的研究团队又奋战了九个月，直到2017年5月底才最终定稿。在这个过程中，万博研究院软价值研究中心主任张海冰先生，万博研究院新供给研究中心主任刘哲女士，万博研究院研究员赵静女士、王娇女士都为本书的相关学术研究做了很多贡献，有些理论创新是集体的智慧。中信出版集团的乔卫兵副总编、李亚婷女士、朱小兰女士、刘洁女士都多次参与讨论，使本书不仅在理论体系上更加完善，而且让我们学会了用更通俗的方法进行写作，在此表示衷心的感谢！

尽管经过了26年的探索，又得益于这么多高人的指点和贵人的相助，我深知软价值理论仍然有很多不足和错漏之处，希望读者多多批评！

滕 泰

2017年7月

目 录

第一章　思维活动如何定价， 量子理论给出答案

第一节　如何为思维活动定价

成功之作有什么秘密

“你不觉得当你靠近车门，门把手自动从车内伸出来的时候是在向你招手吗？你不觉得此时此刻车是在和你互动吗？你有没有感受到它在和你说话呢？”特斯拉的首席设计师弗朗茨·冯·霍兹豪森（Franz von Holzhausen）透露了他设计特斯拉时的关键所在——“它需要和车主互动！”[①]

为什么车主仿佛感觉到自己的新车在跟自己说话？

因为这种感觉和你看到牙牙学语的孩子向你伸出小手时的感觉相似：他在跟我说话，他需要我，他想跟我走……

那些广受欢迎的成功之作都具备这种能力，它能和你互动，能引发你内心深处最细微的情感，让你回忆起以往的甜蜜，让你对未来产生憧憬，让你觉得自己因为拥有它而成为一个更好的自己。

成功的设计师能够了解和把握用户内心的真实感受，从而设计出能够和用户互动的成功产品。就像一个伟大的厨师能了解食客的

① 汽车之家，http：//www.autohome.com.cn/tech/201504/865613-all.html？pvareaid=101380#p2。

口味，能够用各种食材和调料，加上高超的烹饪技术，制作出一款令人难忘的美食一样。

《盗梦空间》的编剧兼导演诺兰在谈到他的创作经历时曾经透露，以往同类型的电影往往是让观众仅仅作为旁观者来体验，从故事发生一直到结束，观众保持着旁观者的新鲜感，并且被周密的设计所折服。而诺兰则巧妙地颠覆了这一套路，他没有把观众挡在外面，而是决定全程带着他们共同经历。这个微小的改动，使得观众跟片中角色一起，不管发生任何意外都会心跳和冒汗。[①] 这部电影成功地在观众脑海里激发了同样的神经元同步放电，让观众根据导演的安排一起担忧，一起紧张，一起感动。

从供给者的内心（精神、感情、思维），到消费者的内心（精神、感情、思维），当两者通过作品产生一种微妙的连接时，消费者得到了极大的精神满足，甘愿为这件作品付出高价，于是就创造出了巨大的价值，这就是成功之作的秘密。

这就是我们要讲的——价值创造和衡量的秘密。

待解之谜

在我们周围，越来越多的产品和服务都是这样的成功之作：由供给者的思维创造，与消费者的情感相遇，由此迸发出巨大的价值。而这些成功之作的价值究竟应当怎样衡量，成了一个待解之谜。

特斯拉这种环保、时尚、高端的电动汽车，目前在全球的年销量不过 8 万辆，而通用汽车的年销量接近 1000 万辆，然而特斯拉创

---

① 《盗梦空间》是怎样炼成的，诺兰披露编剧秘诀，http://news.mtime.com/2010/09/13/1440626.html。

造了 497 亿美元的市值，通用汽车为 513 亿美元[①]。那么，是什么赋予特斯拉如此神奇的价值创造能力呢？

比特币仅仅是以一种特殊的算法程序为基础，并没有任何物质产品的生产能力和国家信用支撑，为什么能够在波动中不断创出新的高价呢？

微信已经成为数亿人每天都离不开的社交工具软件，当我们打开这款软件，看见熟悉的蓝色星球和小男孩的背影，享受微信给我们带来的人际沟通、信息传播、购物支付、交通餐饮、投资理财等诸多生活便利时，我们为它付费了吗？答案是否定的。而腾讯公司还在不断地加大投入以提升微信的功能和用户体验，同时微信也为腾讯创造了超过 800 亿美元的市值，这样的价值创造能力是从何而来的呢？

伟大的荷兰画家凡·高，每当他拿起画笔时，他的心情都异常亢奋，这种内心的激动甚至到了自我摧残的程度。他生前创作了 1700 幅作品，其中可以称为精品的有数十幅，但他生前只以 400 法郎的价格卖出过一幅画，唯一能看懂他的画的只有他的弟弟。但是在他去世后，其作品被人重新认识，已经有 9 幅画以数千万美元的价格成交，成为世界艺术品市场上的王冠级作品。这种变化的背后发生了什么呢？

其实，在我们的生活中，越来越多的现象无法用以往的传统经济学原理来解释。例如，同样的制度设计方案、同样一本书的版权，在美国和中国的相对价值可能有巨大的差异。又如，一种软件应用

① 数据来源：Wind 数据库。

系统、一款网络游戏原本很有价值，可是当人们开始偏好另一种软件应用系统、另一款网络游戏时，它的价值就可能一落千丈。这些现象从根本上来说，都是一些人的思维活动创造的作品，提出了对人类思维活动如何定价的问题。一个品牌、一种制度设计方案、一本书的内容和版权、一幅画作、一个软件、一款网络游戏，乃至一个专利、一个配方，都是人类思维和精神活动的产品，它们的价值在很大程度上取决于人类的主观感受。那么，如何给这些产品定价呢？

第二节　当思维定价遇到量子理论

神经元同步放电：量子世界的价值创造

当供给者在创作时，需求者在欣赏时，他们内心发生的变化是难以观察的。但是最新的科学研究表明，人类的意识活动实际上是一种量子力学现象，人类的大脑类似于一台量子计算机。有一种观点认为，大脑神经元兴奋所产生的电磁场，可能会影响神经元的放电活动，形成一种自我调节的环路，这就是意识的必要组成——电磁场使大脑中分布在不同部位的离子通道联系起来，协调了神经元的同步放电，这可能就是决定意识的关键。① 还有一种观点认为，意识的形成是因为形成量子纠缠的原子能够在大脑内分散分布，相隔一定的距离调控神经递质的释放，影响神经元细胞突触间动作电位的传递，以此参与无形的大脑运作。②

可以想象，当你靠近一辆特斯拉的车门，门把手自动从车内伸

① ［英］吉姆·艾尔-哈利利，等．神秘的量子生命［M］．杭州：浙江人民出版社，2016：292-295.

② Jennifer Ouellett：A New Spin on the Quantum Brain，Quanta magazine，https：//www. quantamagazine. org/20161102-quantum-neuroscience/（中文版：人脑产生意识，可能是因为量子纠缠，http：//www. huanqiukexue. com/a/qianyan/shengwu_ _ yixue/2017/0110/26918. html）。

出来的时候，在你的大脑中，发生了与看到自己的孩子伸出手时类似的神经元放电，形成了相同的电磁场，或者发生了类似的量子纠缠活动，你仿佛感受到了同样的召唤——这辆车在跟我说话，它想跟我走——设计者的目的达到了。

有人曾经指出，成功的商品具有一种让人难以抗拒的魔力，而这种魔力的来源就是“卓越功能”乘以“感情诉求”。[①] 而无论是卓越功能还是感情诉求，都是供给者发自内心地运用自己的思维活动创造出来的，如果一些人的思维活动创造的作品能够在另一些人的大脑中引起神经元同步放电的话，它就能创造价值，而这种价值应该如何计算和衡量，现在的经济学理论还没有给出解释。

这种现象同样可以延伸到金融领域。为什么人们会选择持有股票？是因为投资者的内心感觉到，持有股票未来上涨的概率要远远大于下跌的概率，这实际上是“信用”给人带来的主观心理感受——因为这时持有股票所激发的投资者脑内的神经元放电活动，类似于原始人猎获了野兽，农夫收获了庄稼时的感受，是安全的、满足的，甚至喜悦的。如果市场氛围转为熊市，人们认为下跌的概率更大，就会纷纷将手中的股票抛出换成现金，因为现金能够给人带来安全的、满足的，甚至喜悦的感受。

同样的道理，没有任何物质产品生产能力和国家信用支撑的比特币，之所以能够在波动中不断创出新高，就是因为比特币独特

---

① ［美］亚德里安·斯莱沃斯基，等. 需求——缔造伟大商业传奇的根本力量［M］. 杭州：浙江人民出版社，2013：27.

的区块链[①]技术，既保证了这种数字货币不能被仿造，也保证了它的供给是有限的，不会被滥发。这样一种安全、稀缺的电子记账单位，给人带来的信用感甚至超过了那些缺少良好货币发行机制的政府和中央银行。每次下跌之后，都会有投资者重新研究和发现区块链的上述优势，重新从比特币上感受到信用，进而重新买进比特币，一次次将它的价格推向新高。

推而广之，所有金融资产价值的核心就在于信用，而信用的本质，是人们内心的主观感受，实际上也是一种神经元的同步放电过程，或者说是一种量子纠缠活动，总而言之是一种量子现象。我们甚至不敢想象，每天发生在全球的价值万亿美元的金融交易，竟然是由无数投资者和基金经理头脑中的量子力学现象决定的！

思维产品的价值创造是一种量子过程

随着相对论和量子理论的发展，人们认识世界和改变世界的能力也在逐步提高。从硬产品的角度来看，我们现在非常熟悉的卫星导航、电脑芯片、硬盘存储、核能都应用着相对论的原理；而芯片——信息技术的核心原件，它的设计和制造也离不开量子力学原理的应用。由此我们可以得出，量子理论已经深刻地改变了我们周围的世界。目前，量子通信和量子计算正在取得突破性的进展，人类正在进入量子时代。

---

① 狭义来讲，区块链是一种按照时间顺序将数据区块以顺序相连的方式组合成的一种链式数据结构，并以密码学方式保证的不可篡改和不可伪造的分布式账本。广义来讲，区块链技术是利用块链式数据结构来验证与存储数据、利用分布式节点共识算法来生成和更新数据、利用密码学的方式保证数据传输和访问的安全、利用由自动化脚本代码组成的智能合约来编程和操作数据的一种全新的分布式基础架构与计算范式（参见“区块链”百度百科词条）。

从科学的发展来看，量子理论也在改变着人们对生理学、心理学甚至社会、历史和经济的认识，生命起源和意识起源等问题都有了进一步探索的工具。在生物学领域，那种把生命体当作机械来研究的思路早已被抛弃了，确定不移的进化路线也被不确定所代替。正如美国学者乔纳·莱勒所说："物理学界发现了不确定的量子世界，这项发现瓦解了时间和空间是固定不变的客观事实这一古典概念。如同量子世界的发现一样，生物学也在未知与混乱的核心处揭开了它的面纱——生命是建立在随机性这一庞大的建筑根基之上的。"

研究发现，量子相干性可能在生命起源中起着重要的作用，① 而电磁场使大脑中分布在不同部位的离子通道联系起来，协调了神经元的同步放电，可能就是决定意识或者无意识的关键。②

在心理学领域，美国心理史学家杜·舒尔茨指出："在20世纪初期的物理学中，爱因斯坦、尼尔斯·玻尔（Neils Bohr）、韦纳·海森堡（Werner Heisenberg）的研究促进了一种新观点的产生。这种观点拒绝了自从伽利略、牛顿时代以来的机械宇宙模型。这种机械宇宙模型也是从冯特到斯金纳以来的心理学家一直支持的机械论、还原论和决定论观点的原型。物理学中这种新的世界观抛弃了纯粹客观性的苛求，认为外部世界同观察者不可能完全分离。"

"物理学家承认，我们对自然界的任何观察都可能对它产生干扰……他们逐渐接受了这一信念，即客观的知识实际上是主观的，

① ［英］吉姆·艾尔-哈利利，等. 神秘的量子生命[M]. 杭州：浙江人民出版社，2016：321.

② 同上。

是依赖于观察者的。物理学中的这场革命有效地影响了心理学，使意识成为心理学研究对象的一个重要组成部分。尽管科学心理学的传统抵制了新物理学达半个世纪之久……但是最终它对时代精神做出了反应，反省自身，重新接纳了认知过程。"①

所有这些发现和进展都极大地拓展了人类对世界的认识，也让我们意识到，思维产品的价值创造，实际上是一种量子过程：当供给者思维的产物，能够引发消费者特定模式的神经元同步放电时，就产生了价值。那么通过这种方式创造出来的价值，传统的经济学和价值理论能够科学地解释吗？

① ［美］杜·舒尔茨. 现代心理学史（第八版）［M］. 南京：江苏教育出版社，2011：402-403.

第三节　为非物质财富定价：传统价值论的困境

阿里巴巴董事长马云在一次演讲中说道："这些年我看到很多人去学 MBA（工商管理学硕士）。他们去之前都非常聪明，但回来之后都变得愚蠢了。因为他们想，这是教授教的，这是经济学家讲的。他们去之前思维非常活跃，但回来时好像僵化了。"马云的观点未免过于偏激，MBA 作为成功的工商企业管理教育方式，已经在欧美国家和中国培养出了为数不少的职业经理人和企业家，投资大师巴菲特、IBM 前总裁郭士纳，甚至美国前总统小布什和现任总统特朗普，都是其受益者。但是在给非物质财富定价这个问题上，传统的经济学价值理论仿佛已经陷入困境。

劳动价值论的华尔街之旅

小 L 毕业后留学美国，进入了华尔街，在一家投资银行从事计算机硬件维护的工作。在国内读大学期间，小 L 深入地研究了亚当·斯密、李嘉图等人的劳动价值论著作，对于具体劳动和抽象劳动的理论非常熟悉：具体劳动创造使用价值，抽象劳动创造价值。价值是凝结在商品中的人类抽象劳动，抽象劳动（生产商品的社会必要劳动时间）是价值的唯一源泉。

然而，在华尔街的现实经历让他无法接受：自己每天辛苦地工作，收入却远远低于那些从事交易、承销和并购业务的同事。有一天下班后，他和同事在酒吧聊了起来。小L问他的同事："我看你们的工作都很轻松，我每天辛辛苦苦地工作，为什么你们的收入是我的好几倍呢？难道不是劳动创造价值吗？"

从事承销的同事告诉他："我这次之所以能拿到这家高科技公司的IPO（首次公开募股）项目，是因为公司最大的投资人是我的同学，这是我掌握的社会资源在创造价值。"

从事并购的同事告诉他："这次我负责的两家公司换股合并的项目，是我在参加制药行业的一次会议时，听到其中一家公司的CEO（首席执行官）在寻找合适的并购对象，我手里正好有符合他需要的目标公司，这是我得到的信息在创造价值！"

从事交易的同事告诉他："我每天负责几十亿美元的交易，尽管我事先做了很周密的部署，但是每一笔投资都承担着相应的风险。我们创造的价值一是资本回报，二是风险报酬。"

这时候公司的老板走了过来，听到他们的谈话，老板想了想说："L先生，我们这家公司之所以能在华尔街上经营百年并且持续盈利，除了有雄厚的资本，更重要的是值得信赖的品牌，客户愿意把他们的财富委托给我们管理，把他们的资产运作交由我们谋划，这是我们的资本和品牌在创造价值。"

小L陷入了沉思，自己研究多年且深信不疑的劳动价值理论，难道在华尔街不再适用了吗？

当要素价值论遇到知识经济和互联网经济

品学兼优的小F在刚开始学习经济学时就非常相信古典经济学的鼻祖威廉·配第的名言："土地为财富之母，劳动为财富之父和能动要素。”农民种地，工人生产产品，都是劳动和自然物质相结合产生物质产品，这才是创造财富。

毕业后，小F进入了一家管理咨询公司工作，专门为企业提供管理流程和公司架构方面的咨询服务。干了一年后，小F发现，公司尽管已经是业内前三位的领先者，但实际上并没有什么资产——办公室是租来的，大家都忙于出差，几乎没人坐在办公室里；服务器也是租来的，工作离不开的电脑和手机，尽管功能越来越强大，价格却越来越便宜。实际上最大的资产就是人的头脑，而公司创造价值的方式既不是耕种土地，也不是加工其他资源，就是不停地调研、思考、讨论。小F惊奇地发现，原来创造财富主要并不是依靠自然资源，而是人的资源。不仅如此，公司业绩最好的，并不是那些整天埋头苦干的人，而是那些干得轻松愉快的人，他们提出的方案最受客户欢迎——原来创造财富不仅要靠劳动，还要靠智慧。

大F毕业后进入一家电子商务企业，公司成立十几年，已经位居业界前列，在美国上市以后更是如虎添翼。让大F奇怪的是，公司一直在扩大规模，不断发展新的业务，完善物流系统，但与此同时，公司一直处于亏损状态，而这并不影响公司的市值达到几百亿人民币，公司的老板也早已是中国富豪榜上的名人。

当他和做家电制造的老爸谈起自己的公司时，正在为生意发愁的老爸却对他的公司极其不满。老爸说：“你们这些搞互联网的，就是在网上倒来倒去赚钱，你们知道我们做实体经济的有多不容易吗？承担着各种成本费用，辛辛苦苦把产品做出来，只有极小的利润，你们一句话，就要打五折！你们这是在创造价值？你们是在冲击制造业！”

大 F 觉得很委屈，跟老爸争论了起来："有了我们的网站，大家足不出户，用手机就能买到从服装家电到百货生鲜的几乎所有商品，即使是边远地区也能在下单几天后就收到货物，怎么能说没有创造价值呢？"

老爸却说："你们那个公司我知道，就是在'烧钱'！我做企业这么多年，都是营业收入能超过成本费用才算赢利，有亏损的苗头就尽量压缩开支，才能撑这么多年。你们要是没有投资'烧钱'，早就撑不住了！"

老爸接着说："做生意要想成功，各方面的资源缺一不可。第一，需要资金，我的生意最初是靠自己积攒起来的一点儿辛苦钱，后来就开始和朋友合股，在困难的时候也通过民间借贷解决短期需要。第二，需要人工，开始的时候劳动力很便宜，现在越来越贵了，订单来的时候，开出几千元的工资都很难招满人……"随后，老爸又说："第三，还需要技术，每年花在研发和购买专利上的钱也是一笔不小的开支。第四，要学会管理，现在公司里中层干部就有十几个人。第五，幸亏老爸早年在工业区买了一块地，现在这块地已经升值了，不然每年的厂房租金就得吃掉一大块利润。"

听老爸讲完，大 F 觉得似乎耳熟，这不就是大学教科书里的要素价值论吗？土地、劳动、资金、技术、管理，都没少投，而且要素生产效率也在提高，可是老爸的生意为什么不赚钱？自己所在的公司亏损这么多年，却价值几百亿元，这样的反差该怎么理解？

当边际效用价值论遇到飘忽不定的精神需求

小 U 是几个小伙伴中唯一的女孩，她认为效用价值论才是最有用的理论——产品的价值取决于效用，人必须在不同的欲望之间进行资源的分配，最终的结果就是在每一种欲望上分配到的资源，给自己带来的满足（效用）是相等的，这就是边际效用决定价值的定律。

毕业以后，小 U 进入了一家美容连锁公司，负责客户开发和管理。她想通过对顾客的观察和分析来确定自己的效用大小，使顾客做出理智的消费决策。可是当小 U 跟一位来店消费的大姐说出自己的想法后，大姐也糊涂了："在养生、美甲、面部护理等众多的消费项目中间打分排序，我可排不出来啊！"

小 U 又给大姐讲了一通"边际效用决定价值"的道理，大姐更糊涂了："小妹妹，我知道你是大学生，可书本上的理论也不能全当真啊！你说的效用我听懂了，就是高兴，就是花了钱有多满足！可这也是随时改变的呀！今天我觉得有点累就做养生，明天我看见别人的指甲漂亮就做美甲。我可能会在心情好的时候来做一次很贵的美容开心开心，也可能在心情差的时候来做个美容缓解一下情绪，这都是说不定的呀！都像你那样算来算去，还有什么开心的啊！"

听了大姐的话，这种飘忽不定的需求让小 U 非常迷惑，自己从小到大给效用打分排序的做法，在工作中还有效吗？

当供求价值论遇到股票

优秀毕业生小 D 对于交叉的供求曲线决定的市场价格很有感觉。毕业后，他进入了一家基金公司，成为基金经理。凭着对供求原理的信赖，小 D 也相信供求关系决定股价涨跌的规律，每天都从不同的渠道收集信息，分析市场供求，包括社保资金入市、公募私募规模变动、新股发行、大小非减持……小 D 做了个 Excel（电子表格）模型，每天把这些收集来的数据算来算去，总觉得自己能把握住市场的供求变化，"只要股票供大于求就意味着下跌，供不应求就意味着上涨”！

可是半年来，小D凭自己的计算结果做出的判断总是和行情相反。有时候算出来的大行情，刚走了两天就转入熊市；有时候算出来要跌的股票，却在他卖出之后大幅上涨……

看到小D的做法，公司的一位前辈笑了起来，问小D：“你告诉我，如果今天我不看好这家公司的年报业绩，计划卖出，那么我算是这只股票的供给方还是需求方？”

小D毫不犹豫地回答：“不看好业绩并卖出，当然是供给方了！”

前辈又说道：“可是今天开盘前我看到一条新闻，这家公司的所在地被批准为国家级特区，这又改变了我对这家公司的看法，我决定买进，那么我算是供给方还是需求方？”

小D说：“如果你改为看好并买进，那就成了需求方。”

前辈说道：“现在A股市场上市公司超过3000家，持股市值超过一亿元的户数就超过1万家，而且信息如此发达，任何一条信息都可能在瞬间改变某个投资者对某只股票的看法，股票的供给方和需求方根本不是固定的，而是时时刻刻在互相转化，你怎么能算得清股市中的供求关系呢？”

小D不禁愣住了，曾经是经济学基础的供求决定产品价值论，难道在股市中失灵了吗？

第四节　价值的源泉变了，对价值的认知能不变吗

价值的问题在很大程度上是一个哲学和认识论问题，而哲学和认识论往往建立在物理学等自然科学所揭示的物质运动规律的基础之上。“物理学—哲学—价值论（经济哲学）—经济学”是推动价值理论发展的基本路线。

牛顿带给世界的副产品：机械论、决定论和还原论

在牛顿物理学出现之前的几千年里，人们就观察到潮汐定时涨落与月亮有密切的关系，而且精确性堪比钟表：如果精确测量的话，月亮绕地球一周是 24 小时 48 分钟，潮汐的周期也是 24 小时 48 分钟。当时的人们不明白其中的缘故，只好用“月亮女神同时也掌管着潮汐”来解释。1687 年，牛顿的《自然哲学的数学原理》出版，这部著作提出的万有引力学说，可以精确地解释潮汐现象——当月亮与海水的距离最近时，月球对海水的引力达到最大，即潮水达到最高点。

牛顿物理学强大的解释力对当时的生物学、生理学、心理学等都产生了巨大的影响。在那时的人们看来，经过牛顿物理学解释的世界，就像一只被设计好的钟表一样在精确地运行。

牛顿物理学不仅定义了绝对空间、绝对时间和绝对运动，同时

也奠定了那个时代自然科学和社会科学研究的整个认识论基础——机械论、决定论和还原论。

机械论，就是认为这个世界是按照机械规律来运行的，上帝是个钟表匠，他所创造的世界就像一个永远不出差错的钟表一样准确地运行；决定论，则是认为所有的事件发生都有其确定的原因，同时也都将导致确定的结果，就像月亮面对海水时一定会引起涨潮一样；还原论则认为，一切复杂的现象都可以分解还原为简单的现象和元素，而每一层分解得到的结果都会更简单、更原始，例如物质可以分解为分子，分子可以分解为原子，原子可以分解为质子、中子和电子，一定存在一种无法再分的基本粒子，即物质的基础。

随着牛顿物理学大行其道，绝对时间与绝对空间、绝对运动与机械论、决定论和还原论的大厦也建造得无比巍峨——不仅在物理学、化学、生理学和心理学中占据了支配地位，在历史学和经济学领域中，人们也都秉持这样的思维方式。

牛顿思维消除了偶然性和自由意志的作用，描绘了一个确定、安全、乏味的世界。简而言之，如果给出宇宙诞生时的初始条件，再给定事物发展的过程函数，那么从过去到未来的一切都已经被决定了，所有的历史、现状和未来，都可以通过计算得出来。试想一下，在宇宙大爆炸的那一瞬间，就决定了你的一生将如何度过，以及你今晚将在哪个餐厅、和什么人一起共进晚餐……

物理学高飞，价值理论停滞

在牛顿以后的几百年里，物理学经过了狭义相对论、广义相对论、量子理论、非线性物理学等阶段。相对论和量子理论将人类对世界的认知空间从牛顿理论的低速、宏观世界，进一步拓展到高速、微观世界。

在我们熟悉的爱因斯坦、玻尔、海森堡等人工作的基础上，物理学在相对论、量子理论、宇宙成因等方面取得了巨大的进展，杨振宁和李政道发现了弱相互作用中的宇称不守恒现象，20 世纪 70 年代以后发展起来的“弦理论”和“超弦理论”，更提出自然界的基本单元不是电子、光子、中微子和夸克之类的点状粒子，而是很小的线状的“弦”，更是完全超出了人们对世界的经验认识。

与物理学对人们认识论的拓展同步的是科学技术和生产力突飞猛进的发展，电能、热能、动能、光能、微观粒子裂变等运动形式的能量转换成为人类财富的来源，光波、声波、电磁波等成就了现代通信和空间探测技术；互联网世界超越了传统的语言、文字，全面改造了社会的沟通与联系方式；量子计算、量子传输、量子通信等技术已经开始进入实际应用阶段。

如同牛顿物理学曾经奠定那个时代的哲学认识论基础一样，狭义相对论、广义相对论、量子理论、测不准原理等现代物理学对世界的改造，不仅带来人类财富形态的飞跃性变化，同时也带来哲学和认识论的变化。

然而，由于近现代的学科分类越来越精细，社会科学和自然科学隔行如隔山，很少有人能够再像科学启蒙时代那样融会贯通。因而自 20 世纪以来的物理学突破，并没有迅速传播到哲学、社会科学和经济学领域，更没有实现哲学、经济学和价值理论上应有的突破。

与物理学突飞猛进的发展相比，价值理论却停滞不前。这不仅因为物理学、哲学和认识论本身枯燥乏味，更因为哲学和价值论本身在人们心中有根深蒂固的思维惯性，几百年过去了，人们还在沿用亚当·斯密、李嘉图、萨伊、马歇尔等牛顿时代的哲学、认识论和价值理论，结果非但不能指导实践，还会带来严重的困扰。

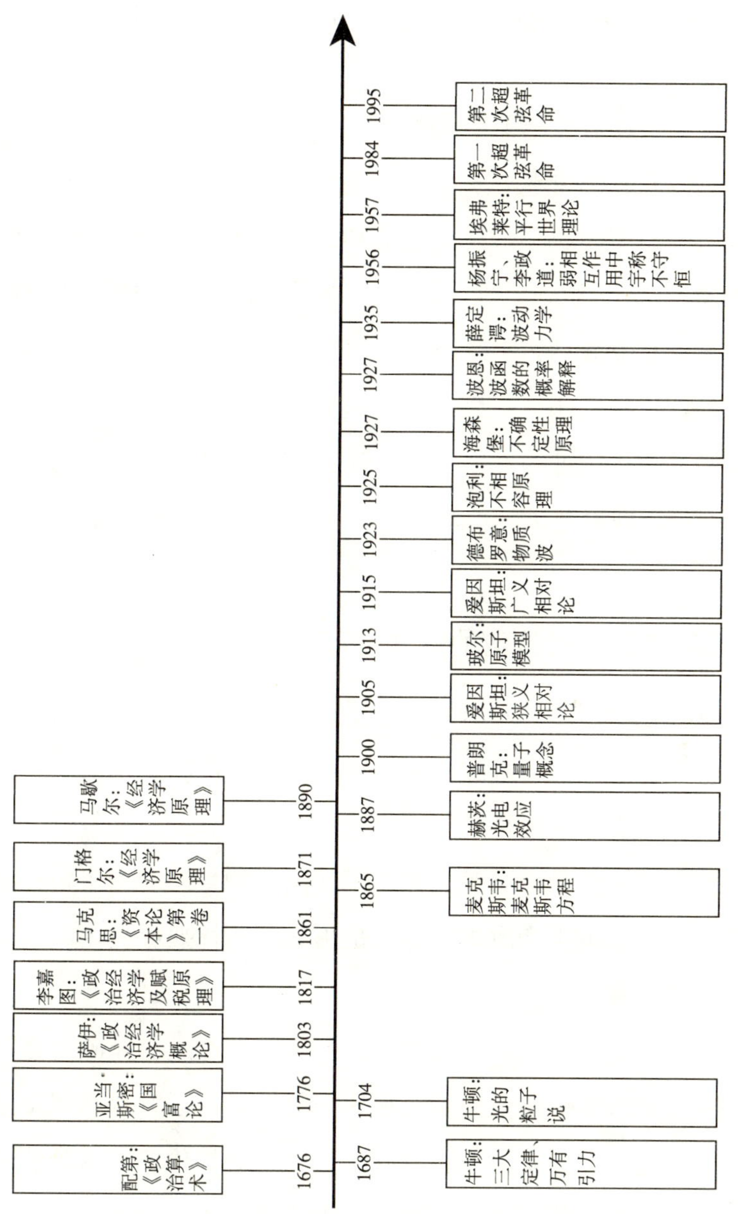

图1.1 物理学的进展和价值理论的停滞不前

如图 1.1 所示，为近代经济学奠定基础的价值理论经典著作，主要出现并完成于 1890 年之前的牛顿经典物理学时代，因此也受到绝对时空、绝对运动以及决定论、机械论和还原论思维模式的深刻影响。

1900 年，普朗克提出了量子概念，掀开了物理学发展的新篇章，随后爱因斯坦于 1905 年提出狭义相对论，1915 年提出广义相对论，1923 年德布罗意提出物质波的思想，1925 年泡利提出不相容原理，1927 年海森堡提出不确定性原理，波恩提出波函数的概率解释，1935 年薛定谔创立波动力学，1956 年"宇称不守恒"被发现，1957 年平行世界理论被提出，直到两次"超弦革命"和量子传输理论，物理学取得了突飞猛进的发展，彻底改变了人们对世界的认识，但是作为所有经济理论基础的价值理论，却一直被"冰冻"于遥远的牛顿时代。

价值的源泉变了，对价值的认知能不变吗

在牛顿物理学时代，人们主要通过对地球资源的加工来创造价值，传统价值论是符合当时的价值创造现象和规律的。无论是劳动价值论、要素价值论，还是效用价值论、供求价值论，其争论的焦点无非是财富的价值是由劳动决定，还是由各种生产费用决定；是由效用决定，还是由生产成本决定；是由商品的稀缺性决定，还是由确定的供求关系决定。

上述流派虽然在观点上分歧很大，但本质上都是工业硬财富时代的理论——都以牛顿的低速、宏观的物理世界为哲学和认识论基础，以硬价值为研究对象，企图寻找绝对、精确的价值，认为价值决定可以由一个像牛顿物理学那样的模型来决定，无论价格如何波

动，最终都将还原为固有的均衡点。

在量子时代，价值创造的主要来源已经发生了翻天覆地的变化，地球资源在其中所占据的比重越来越小，而人类的创造性思维和技能性活动创造的价值所占据的比重则越来越大。

例如，在今天越来越重要的软件业，基本不消耗地球资源，主要价值来自人的创造性思维。而软件业所依靠的硬件基础——芯片，消耗的地球资源只是少量的硅，在芯片的整个价值中也只占很小的比重。

文化娱乐产业也是如此，需要消耗的地球资源并不多，主要依靠主创人员的创造性思维和技能性活动。《哈利·波特》系列电影的票房总额超过70亿美元，真正为拍这部电影所需要的服装、道具、布景，仅仅消耗少量的地球资源，真正创造价值的是作者、编剧和导演的创造性思维、演员的高超演技，以及全球数以亿计的哈利·波特粉丝的热情参与和传播。

像科研、教育、咨询、会议行业，也主要是依靠人们的头脑与智慧创造财富，那些全球顶级制药公司最大的财富，并不是生产药品的车间，而是顶级科学家的头脑和研发团队的开发能力；对于麦肯锡、罗兰贝格这样的咨询公司来说，固定资产无足轻重，重要的是能网罗到多少行业内的专家来加入自己的咨询机构；同样，也没有人会用有多少幢大楼、占多少亩土地来评价一所大学的实力，重要的是有多少知名专家、学者和科学院院士。

金融行业更是如此，信用和信用创造能力比金融机构有多少资本金更重要。没有任何实物担保和国家支持的比特币，就因为率先掌握了区块链技术，能够用技术保证这种电子货币的信用不被滥用，所以能在全球掀起自主货币发行的新浪潮。

在量子时代，人的创造性思维和技能性活动，已经成为价值创造的主要来源，如果我们还抱着只能解释地球资源创造价值的传统理论不放，就像古代那个刻舟求剑的人一样，最终只能在滔滔逝水前徒增迷惑。

量子世界的价值主要以人类的精神性需求为满足对象，因此带有更多主观性，更具有电子波动的抽象性、跳跃性、模糊性等特点——传统价值论中的生产函数、效用函数、供求关系函数，在这些领域里大部分是失效的。古老的价值理论已经成为新时代的枷锁，量子时代的经济哲学亟待进行一场新的革命，整个经济学需要新的价值理论作为支撑——而这种新的价值理论，必须在把握量子世界运动规律的前提下，尤其是量子时代新思维的基础上，才能建立起来。

第二章　“量子时代”的思想革命和软价值论

第一节　认知是相对的，判断也是相对的

“如果你在一个漂亮姑娘身旁坐一个小时，你感觉只坐了片刻；反之，你如果坐在一个热火炉上，片刻就像一个小时。”爱因斯坦曾用这个通俗的例子来解释相对的意义。

警官有没有追上光线

有一个经典的相对论案例：警官驾车追逐光线。在常见的警官驾车追逐超速车辆的场景中，如果把超速车辆换成光线，而且假设警官的速度能够追上光线并与之并驾齐驱，作为旁观者的我们会发现，警官一直在跟着光线运动，几乎和它一样快；但是如果我们询问警官的话，他会告诉我们，他根本就没有追上光线，而是光线从他身边以光速逃离。

这就是相对论所描述的相对性和参照系的道理，在宇宙的不同地方，时间的速率不同，它取决于我们运动的速率，我们运动的速度越快，时间就越慢。这意味着在某一个参照系中同步的事件，在另一个参照系中未必同步。

实际上，当我们看到警官与光线同步时，如果警官戴了一块手表，他的手表也接近停止了，不仅如此，他的大脑也会随之变慢。他和他驾驶的车辆，都会在光线运动的方向上被压缩到非常短的长

度。如果我们看到这个场景，就会大声呼喊，觉得他们的骨头都被压碎了，但实际上无论是警官还是车辆，都没有任何问题，因为构成他们的原子同样被压缩了。

随着车子慢慢停下来，车辆和警官的长度又慢慢地恢复到我们正常观察到的长度。同样地，如果警官能看到我们的话，他会发现这些旁观者的时间在变慢，长度被压缩，那么到底是谁被压缩了呢？根据相对论，这是无法说清楚的，因为长度和时间的概念都不是绝对的。①

面对速度合成定律与光速恒定的难以调和的矛盾，爱因斯坦突破了“以太”的旧思维框架，大胆否定了绝对时间、绝对参照系、绝对运动，揭示了物理世界一系列的相对性，打通了时间的隧道。

夏虫不知道冬天，我们的感受是绝对的吗

物理学跨越了从绝对到相对的理论鸿沟，找到了属于未来的一片蓝海。同样地，哲学如果能够建立从绝对到相对的思维天梯，摆脱绝对化的条框，那么会不会提供另外一种认识世界的视角和方式？

如果有人在 Twitter（推特）上问现在是白天还是黑夜，北京人会说是白天，纽约人会说是黑夜，回答截然相反，但是我们并不会感到惊讶。因为白天和黑夜是相对的概念，会因不同地理位置而不同。

同样地，在以上警官驾车追逐光线的例子中，你是否还在纠结是警官的感知出了差错，还是旁观者的眼睛欺骗了自己？如果变换一种思维，在不同的参照系下，这两种描述其实都是对的。

---

① ［美］加来道雄．爱因斯坦的宇宙［M］．长沙：湖南科技出版社，2016.

《庄子》的《外篇·秋水》中说：“井蛙不可以语于海者，拘于虚也；夏虫不可以语于冰者，笃于时也。”的确，夏虫只活三季，不知道冬天和冰的样子，人也只是生活在三维世界的生物，对世界的感受真的比夏虫要高明得多吗？

现实中，不同国家对于同一事物的认定也不尽相同。大麻在中国和其他毒品一样被明令禁止，但是在荷兰，大麻就如同日常消费品一样，人们可以在国家控制的咖啡店里购买 5 克以内的量，并在私人环境下消费；枪支在中国是严禁居民私自持有的，但是在美国，公民持有和携带武器的权利被宪法保护；中国公民享有一夫一妻的配偶权，但是在很多阿拉伯国家仍然保留着一夫多妻的传统，并被法律保护；博彩业在中国和许多伊斯兰教国家是非法的产业，但是在拉斯韦加斯，赌博就像商业和农业一样合法。

不仅人们观察到的事物与国家的法律等是相对的，人的感受本身也是相对的。唐朝贵妃杨玉环对唐玄宗来说是人生第一知己，唐玄宗的得意之作《霓裳羽衣曲》，也只有杨玉环能领会曲中意境。但在唐朝历史上，她与安史之乱爆发、唐朝走向衰落不无关系。甲之蜜糖，乙之砒霜！中国古代思想家庄子在《外篇·至乐》中，开篇即问“天下有至乐无有哉”？天下有最大的快乐吗？富有、高贵的人夜以继日地操劳，得到了财富和功名，却失去了健康的身体。但一个人如果长久处于贫困和忧患中，即使长寿可能也无法快乐地生活。

人的感受往往会随着所处环境的不同而发生变化。道家学派创始人老子在《太一生水》中说：“不足于上者，有余于下，不足于下者，有余于上。”与更优秀的人比较，人可能会悲观地认为自己还有很多不足之处，从而产生消极怠慢的心理；也可能会乐观地认为自己还有很大的进步空间，从而激发出前进的动力。相反，与较为落后的人比较，人也有可能产生两种不同的心理反应。所以，同一事件在人的心理上激起的浪花让我们不能做出绝对的判断。比上不足，比下有余。

当我们喝一口白开水时，可能觉得索然无味，但如果吃了黄连之后，再喝同样一杯白开水时，就会觉得甘甜可口。一个人没钱的时候不喝茅台、不穿名牌衣服、不开豪车、不看电影、不玩电子游戏、不旅游、不炒股、不请人按摩，都是不至于影响生命的；而一旦这个人变成了亿万富翁的时候，他对这些东西的需求就不一样了。

在一个时间相对、空间相对的世界里，对于某一事物的认知是相对的，对于某一事件的判定也是相对的。如果不能摆脱绝对思维的束缚，无异于“缘木求鱼”，只能生活在几百年前的牛顿世界里。

第二节　观测者的作用与不确定性世界

一匹马从人群中奔驰而过，一人问：“这匹马是什么颜色？”众人回答：“白色。”身边一个色盲却争辩：“不对，是红色！”谁对谁错呢？你当然要说，是颜色感知力有缺陷的色盲错了，马“本来”就是白色。可是我们如何知道马“本来”的颜色呢？假如世界上一半人都是色盲，那谁来分辨哪一半是“真相”呢？

观测者的影响

有这样一个实验，事先告诉一群小孩他们培养了两个实验老鼠品种：一种聪明，一种呆笨，然后安排小孩观察老鼠逃离迷宫。小孩报告称，聪明的老鼠比呆笨的老鼠更快逃离迷宫，而事实上所有实验老鼠只是随机挑选出来的而已。

在牛顿的物理学宏观、低速的世界中，这样的实验结果是无法被解释的。因为物理特征都是客观、固定、可测量的，一个铁块，是多重就是多重，是多长就是多长，加热之后它的温度也是可以测量的，不论人是否去测量它都是如此，观察者在牛顿物理学中是不重要的。

而在量子世界中，一个微观粒子的位置和动量是难以测量的，因为每次测量的结果，都会因为测量者所带能量的不同而异——所谓观察对象的位置和动量无时无刻不受到主观影响。一开始，爱因斯坦并不认可这样的理论。比如在爱因斯坦和玻尔之间的论战中，爱因斯坦就问道："难道月亮是因为那只老鼠看见它，它才存在的吗?"那么，观察者的主观影响是怎么影响甚至决定事物的状态呢?

奥地利物理学家薛定谔在1935年提出了有关观测者对于猫的生死"瞬间决定"的思想实验。一般情况下，如果把一只猫关进一个箱子里，那么它要么是活的，要么是死的，这种状态和我们是否观察它并没有关系。可是在"薛定谔的猫"这个著名的思想实验中，却出现了猫"既是死的，也是活的"的怪事。

图 2.1 "薛定谔的猫"实验原理图

设想有一个箱子，里面有一只活猫，还有一个容器装着会衰变的镭元素，以及一个装有剧毒氰化物的小瓶子。如果镭发生衰变，会引发一个机械装置打碎瓶子，猫会因为氰化物中毒而死；如果镭不发生衰变，小瓶就不会破裂，猫也会活下去。

按照量子力学的理论，镭原子在没有被观测到之前，处于一种

“既衰变又不衰变”的叠加状态，因此，在没有被观察时，猫也处于一种“既是死的，也是活的”的叠加状态；只有当镭元素被观测到时，它才以某种概率发生衰变或者不衰变，学术上被称为发生了“波函数坍缩”，当观测者打开箱子的一瞬间，猫的生死才最终被决定。

皮格马利翁效应

其实在现实中，只要是涉及人的思维活动和主观判断，往往都会受到观察者的影响。比如当父母在困惑为什么孩子本来的样子和父母自己看到的样子不一样时，是不是因为父母的监督改变了孩子的某种行为方式？同样地，听众的反应往往会影响演讲者的情绪和行为；过多的负面评价，也许会成为压垮骆驼的最后一根稻草；而适时的鼓励，可能是走向成功的最后一个台阶。

心理学把这种在赋予更高期望（或更低期望）以后而表现得更好（或更糟糕）的现象，称为“皮格马利翁效应”。这个命名源于一个古希腊神话故事，一位名叫皮格马利翁的雕刻家，爱上了自己雕刻出来的一个女神雕像，每天都与雕像交流对话，后来雕像就变成了一位真正的女神。

生物学研究表明，表扬会使人感到快乐，进而分泌出更多的神经传导物质，激发大脑皮层合成物一种叫作内啡肽的激素，使得人体的免疫细胞变得活跃起来，进而提高工作或学习效率。教育学中的“赏识教育”、现代医疗中针对抑郁病人的“心理治疗”都是试图通过主观期望对孩子或者病人的神经元产生影响，进而改变其行为状态和方式。

这种从主观到客观的决定性作用，也体现在军事战略的应用中，历史上此类例子不胜枚举。

在微观、高速运动的世界里，物理特征既不是客观、固定的，也不是可以准确测量的，而是与观察者对研究对象的主观观察密切相关的。在双缝干涉实验中，电子究竟是波还是粒子，竟然取决于是否被观测，这就让主观因素介入了观测对象的状态。观测者不仅影响被测量的物体，还制造了测量的结果。牛顿物理世界中通行的“客观世界不以人的意志为转移”的规律被打破了，在量子世界中，主观性成为量子时代思维的一个新角度。

不确定性原理

在传统的牛顿物理学中，物体的运动是有明确轨迹的，在每一个具体的时间点上，物体的位置都是一个明确的点，无论是实验室的一个小球、路上跑的一辆车、天上飞的一架飞机，乃至宇宙中的星球天体，只要给出了初始条件，就都能够按照牛顿的力学定律计算出在某个特定时间的位置。

一个小球在时刻 T，它的位置坐标是 10m，速度是 5m/s，我们先测量它的位置还是先测量它的速度，对于最终的结果都没有影响。但如果解剖测量过程的话，一个光子从眼睛出发，撞到小球，反弹到眼睛，于是完成了小球位置的测量过程，海森堡把光子撞击小球比作蚂蚁撞到大象，这种影响可以忽略不计。但如果把同样的场景应用到测量电子时，这种撞击影响则不能忽略不计，由此得出了海森堡不等式方程：当 p 是电子动量，q 是电子位置时，测量 p、q 的误差乘积必定会大于某个常数——不确定性原理！

美国物理学家费曼曾说：“在双缝干涉现象中包括量子力学唯一的奥秘。”让我们来看一下双缝干涉最经典的场景：当电子束（很多的电子）通过两条狭长的缝隙时，在后面的屏幕上形成了条状的干涉图案，这说明电子束具有波的性质。当我们调整电子束的强度直到一个个电子飞向双缝为止，这时发射的电子似乎是粒子无疑；当这一个个电子通过左缝或者右缝，落在后面的屏幕上时，开始显示的是一个个点，经过足够长的时间，我们就会看到在屏幕上再次出现了条状的干涉图案！我们知道，波的干涉需要波峰和波谷的叠加，一个个电子通过狭缝时，怎么会有波峰和波谷呢？这种波动性是从哪里来的？

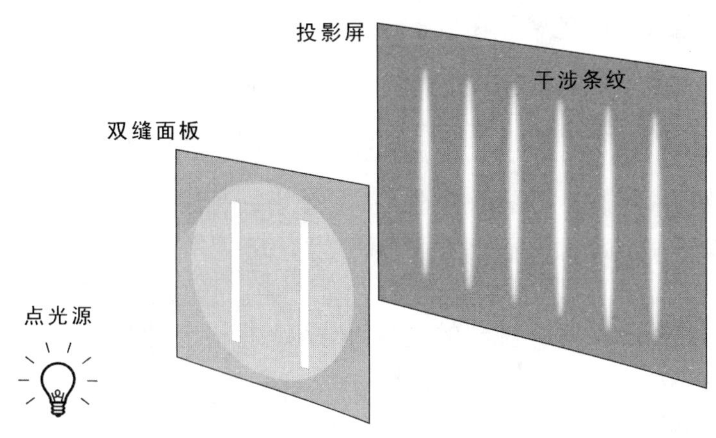

图 2.2　双缝干涉实验原理图

更加神奇的是，如果我们在两个狭缝的前面安装一个侦测器，当电子从哪个狭缝飞过时，哪个狭缝前的侦测器就会发出响声。这样我们就会知道每个电子是从哪个狭缝飞过的。当我们用这样一套设备进行实验时，更加奇怪的现象发生了——随着侦测器不断响起，不断有电子通过狭缝飞向屏幕。但是无论经过多长时间，都没有出现条状的干涉图案，而是形成了电子轰击屏幕形成的两团亮点。这种奇迹般的变化就是坍缩。电子散发出去的波函数在瞬间坍缩，重新变成一个实实在在的粒子，并且随机出现在某处，你测量一次，它的波函数就随机决定一个新的位置。[①]

在量子世界中，每一个量子实体都拥有 p、q 这两个参数——共轭变量，两个变量同时存在，但不可能在同一时间测量出两个变量各自精确的值。这超出了人们常规思维的范畴，是一种全新的量子时代思想。

在宏观、低速的牛顿世界里，一个数字要么是 0，要么是 1，不能既是 0 又是 1。同样地，一种颜色要么是红色，要么是绿色，不能既是红色又是绿色。而在量子世界里，量子的动能测量得越准确，它的位置就越不能确定，我们就不可能同时知道它在哪里和它将要去的方向，甚至不能确定量子的状态。如同双缝干涉实验中所呈现的，物质的状态不再是确定的，而是处于一种波粒二象的状态，可能是波也可能是粒子，也可能既是波又是粒子。

上帝掷骰子：你所看到的真实世界只是一个“概率”

蜜蜂看不见波长比黄光还长的光，却对紫外线很敏感，如果蜜蜂看到上一节中的“白马”，在它看来这匹马大概是紫色，而在普通人眼中这匹马却是白色，那么，谁对谁错呢？我们看到的世界，其实不过是一种特定的观测方式下的“真相”。如同把 9 或者 6 放在一张纸的中央，如果我们不固定纸张阅读的上下顺序，纸上的数字可以是 6，也可以是 9，取决于你选择哪个角度阅读。

爱因斯坦在最终相信量子物理学之前，曾嘲笑玻尔：“难道亲爱

① 曹天元. 上帝掷骰子吗？量子物理史话[M]. 北京：北京联合出版公司，2013：175.

的上帝真的掷骰子不成？”爱因斯坦一度并不相信以玻尔为首的哥本哈根学派的概率解释，也不认为世界会依赖于随机选择。但在与玻尔的辩论中，爱因斯坦用“光箱实验”① 来证明量子理论内在的矛盾，但由于忽略了红移效应②，即时间的快慢会受到距离的影响，反而成了海森堡测不准关系的最好证明③——上帝真的掷骰子，具体骰子哪一面朝上完全是一个概率事件。薛定谔的猫是生是死是一个概率，双缝干涉中电子在背景板上的位置是一个概率，甚至人类的认知也是一种概率。

在黑天鹅被发现之前，17 世纪的欧洲人都根据经验认为天鹅就是白色的。后来人们用黑天鹅事件来形容那些发生概率小、难以预测的事件。其实，即使是面对大批量出现的灰犀牛，我们也无法确定地说这些被攻击的对象一定没有办法躲避，而只是一个大概率的事件而已。你如何知道灰犀牛的隐蔽性、如何改变被攻击的概率？

南宋时儒家经典之作《名贤集》中有云：“三千徒众立，七十二贤人。”即便是孔子“因材施教”“温故而知新”，具体到某一个弟子能否成才也仅仅是一个概率事件。同样地，在医学研究上，癌细胞的变异时间很难预测，转移方向也不确定，人体每天会产生 3000 多个癌细胞，但并非人人都会得癌症。

17 世纪 80 年代，瑞士数学家伯努利用极限定理来阐明事件的频率稳定于它的概率，来描述随机事件的发生。法国数学家棣莫弗

① 箱子中有若干个光子，设置一个快门，让光子一个个飞出箱子，如果用弹簧秤测量箱子飞出一个光子而减轻的重量，那么根据相对论的质能方程 $E=mc^2$，则可以测出箱子减少的能量。即 ΔT 和 ΔE 都确定，也就是海森堡 $\Delta T\times\Delta E>h$ 不成立。

② 红移效应，即当一个波源离你远去时，你接收到它的波长变长的现象。

③ 在测量箱子减少的重量时，假设箱子的位移是 Δq，根据红移效应，时间的快慢也随之变化 ΔT，也就是 $\Delta T>h/\Delta mc^2$，代入 $E=mc^2$，则 $\Delta T\times\Delta E>h$。

（De Moivre）于1733年首次提出部分随机变量服从两头低、中间高、左右对称的分布规律，即“正态分布”。

在社会生活的方方面面都反映着“正态分布”规律。在生产中，产品的质量指标符合“正态分布”的曲线；在生物学中，同一种群体的某一特性指标也符合正态分布规律。例如，12~16岁青少年的身高、体重，在相同自然环境下种植的小麦的产量等。在气象学中，某地每年1月的平均气温和降水量也同样逃脱不了正态分布的规律。“正态分布”规律在医学中的应用也极为广泛，某一年龄的成年人的血压、红细胞指数等指标的正常范围为医学提供了指导和参考。

俄国数学家切比雪夫、马尔可夫等人建立了大数定律及中心极限定理的一般形式，解释了为什么许多随机变量都近似服从“正态分布”。而“正态分布”仅仅是随机分布的一种情况，还有二项分布、泊松分布、对数分布等离散型分布，指数分布、均匀分布、柯西分布……把握这些分布规律，判断时间出现的概率，才是量子时代正确的思维方式。

把握确定性的诸葛孔明 VS 把握不确定性的毛泽东

历史上有很多因为没有打破“一切都是确定的”的思维定式而导致失败的案例，最具有代表性的当属料事如神的诸葛孔明。对诸葛亮来说，未出茅庐就知道“三分天下”，不但可以计算出几时几刻风向改变而用火攻，而且可以计算人心的反应，不但知道曹操会选哪条路逃跑，而且在派出关羽到华容道伊始，就知道他会放跑曹操，在与司马懿的多年较量中更是能够把握司马懿的每一个心理变化，然而结果呢？六出祁山全部失败，命丧五丈原，蜀国最终被曹魏消灭。

相比之下，毛泽东的成功恰恰在于审时度势，伺机而动，把握不确定性。毛泽东虽然最早相信资产阶级革命，但五四运动前后接触了马克思主义，于是迅速融入了共产主义运动；1927 年大革命失败后，当机立断转战农村，建立井冈山革命根据地；虽然第五次反围剿失败后红军被迫长征，但遵义会议及时把握机遇，调整了军事战略；面对日军入侵的民族危机，及时放弃“土地改革”主题，发表“八一宣言”，团结张学良，甚至蒋介石，最终形成了抗日统一战线。在《论持久战》发表时虽然不可能预料到美国人会投放原子弹并让日本迅速投降，但他坚信在全世界反法西斯共同阵线的合作下，日本一定会被打败。虽然在发表《新民主主义论》时还不可能预见到解放战争会如此快速地取得胜利，也不可能预测到之后会快步进入社会主义，但他面对不确定的世界，始终能够迅速调整战略主题，并一次又一次取得胜利。

诸葛亮仿佛比牛顿还厉害，因为他能计算或洞察人心，万事运筹帷幄，结果却是司马氏统一了天下。毛泽东虽然没有诸葛亮那样“不出茅庐即知三分天下”的确定性预测能力，甚至相当一部分计划都因不符合不确定的未来而意外放弃，但他始终把握着胜利者的主导权。与把握确定性的诸葛亮相比，更能把握不确定性的毛泽东，高下不言自明。

第三节　从因果决定到因果可逆

三国时期蜀汉将领魏延骁勇善战，有勇有谋，但被诸葛孔明断定“吾观魏延脑后有反骨，日后必反”。诸葛亮对魏延的偏见颇深，压制其兵权。在一出祁山时，否定了魏延自带精兵取道子午谷的制胜计策。战守街亭，重用庸才马谡，魏延空有一身才华谋略却无处施展。是因为魏延脑后有反骨才谋反，还是因为诸葛亮认定魏延必反后，处处压制才逼得魏延不得不杀杨仪夺权？如果当时没有诸葛亮“魏延有反骨”一说，魏延得以重用，那么会不会出现完全不同的结果呢？所以后来有“魏延之乱，始于诸葛”的说法。

后发的行为是否改变了先前的历史

普林斯顿的物理学家约翰·惠勒曾将双缝干涉实验加以改进，证明了观测者的测量行为是可以改变“历史”的，也就是说，观测者可以在光子跑完了大部分路程，即将抵达终点的时候，才决定是否放置第二个光束分裂器，而这个瞬间行动，会决定光子起先应当走哪条路径，这就是“后发的行为改变了先前的历史”！①

---

① 这个实验的详细过程可参见：[美]阿米尔·艾克赛尔. 纠缠态：物理世界第一谜[M]. 上海：上海科学技术文献出版社，2011：64-69.

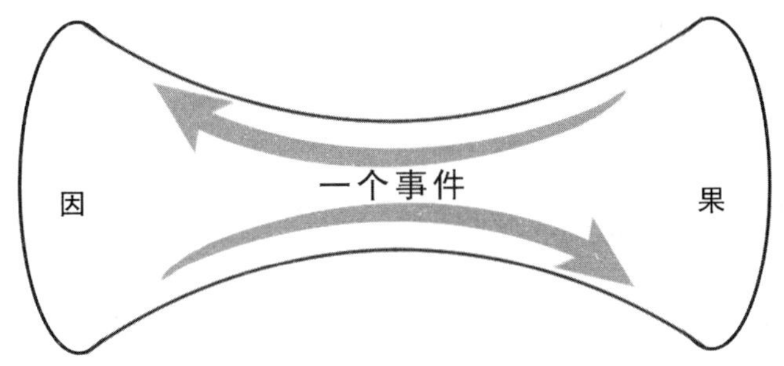

图 2.3 从因果决定到因果可逆

在牛顿物理学的世界里，任何一种现象或事物都必然有其原因，这就是因果律的基本含义。可是在微观、高速运动的世界里，科学家发现，在特定的量子过程中，事件不会按照某一个确定的顺序发生，而是同时按照两个不同的顺序（A 在 B 前面，A 在 B 后面）发生。这种反直觉的现象被称为“因果不可分离性”（causal nonseparability）。① 简单地说，在量子世界里，因和果是可以同时存在、互相转变的，这种“因果互逆”的现象，也对我们的思维模式产生了很大的启发。

一个胖子问瘦子：“你为什么这么瘦?”瘦子回答：“因为我吃得少。”胖子又问瘦子：“你为什么吃得少?”瘦子回答：“因为我长得瘦。”这是生活中司空见惯的对话，瘦子的两个答案显然都是合理的，但胖子永远得不到想要的因果关系。先有因后有果的思维方式在量子理论中早已被打破。

现在已经被人们熟知的量子纠缠态，实际上也是对传统因果律的一个挑战。两个处于纠缠态的粒子，当其中一个状态改变时，另

① 量子力学中还有因果顺序吗？中国科技网-科技日报，2015 年 11 月 23 日。

一个粒子的状态同时（注意是“同时”，而不是“马上”或者“瞬间”）也改变了，这种同时的变化，和我们以往知道的因果分明的前后时间序列完全不同，你不能说这个改变是那个改变的原因，同样，反过来也不成立。

因果之外

不仅在因果交织、可逆的情况下分不清因果，而且有时人们执着追求的因果关系可能根本就不存在。在大数据技术中，“相关性分析”已经取代了对因果关系的探究，成为从杂乱无章的海量数据中发现事实和趋势的利器。

一个著名的案例就是谷歌在 2009 年发布的一项成果：通过对 2003~2008 年的 5000 万最常搜索的词条进行大数据“训练”，试图发现某些搜索词条的地理位置是否与美国流感疾病预防和控制中心的数据相关。谷歌总共处理了 4.5 亿个不同的数字模型，将得出的预测与 2007 年和 2008 年疾病预防控制中心记录的实际流感病例进行对比后发现，它们的大数据处理结果发现了 45 条检索词条的组合，一旦将它们应用于一个数学模型，其预测与官方数据的相关性高达 97%。疾病预防控制中心往往跟踪全国各地的医院和诊所病人，它发布的信息往往会滞后 1~2 个星期，谷歌的大数据却能发现实时的趋势。

为什么从这 45 条检索词条的组合可以发现流感暴发的趋势？这其中的因果关系是什么？在大数据技术看来，这并不重要，重要的是这 45 条检索词条的确与流感趋势高度相关。

“鸡生蛋还是蛋生鸡”的答案可以是先有鸡，也可以是先有蛋，也可能是鸡或蛋之外的第三者先产生了鸡或蛋。量子理论打破了有因必有果、有果必有因，因在前、果在后的固定模式，因果可以同时存在，因果可逆或互为因果，开启了一个新的物理学世界，同时也重塑着人类其他领域的因果思维。

第四节　从连续到跃迁

在牛顿物理学的世界里，各种物理变量都是连续的，长度、速度可以无限细分下去，时间和变化也是连续的——当作用在一个物体上的力一直变大，直到超过其受到的摩擦力时，它就开始做直线运动——这就是牛顿世界的所谓“变化是连续的、从质变到量变、从量变到质变”的变化逻辑的决定论哲学。而在微观、高速的量子世界里，这些法则早已被证明不再适用，很多变化都是不连续的、跳跃式的。

量子跃迁

就像一个人可以站在任何一个台阶上，却不能使脚落在两级台阶之间，量子本身也是不连续的。它代表的就是一份一份的能量，用来表示辐射能量的变化不是连续的，只能取能量基本单位的整数倍。在微观、高速运动的世界里，粒子的角动量、自旋、电荷等也都表现出这种不连续的量子化现象。例如，原子中的电子分布在不同的电子层上，携带不同级别的能量，当它们在不同的电子层之间移动时，就会吸收或者放出能量，而能量的大小是不连续的，也就是“量子化”的：只能分成“一层”“二层”“三层”等。在每两层之间，都是电子的禁区。

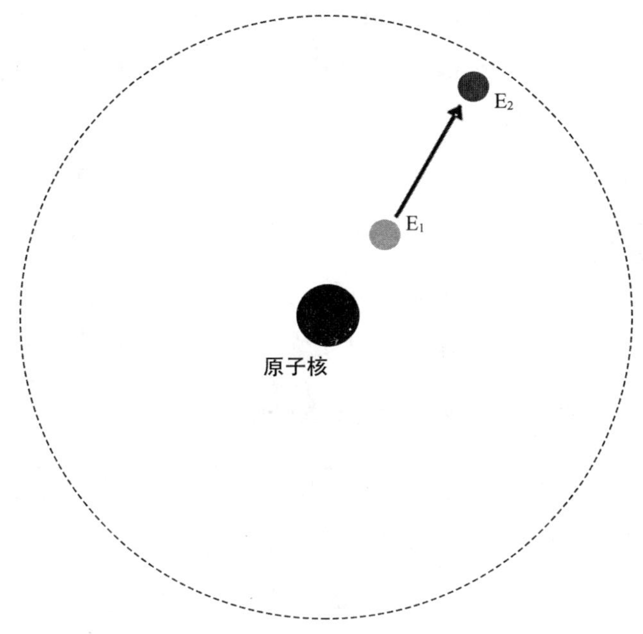

图 2.4 玻尔原子中的电子跃迁

玻尔发现，有一种非常奇怪的现象与电子的量子跃迁相关联：在跃迁过程中无法说出电子究竟在哪里。轨道之间、能量层次之间的过渡只能是即时发生的。否则，当电子从一个轨道迁移到另一个轨道的时候，它应该能连续释放出能量。在玻尔的原子中，电子不可以占据轨道与轨道之间的空间。它就像变魔术一样，在一个轨道上消失的同时，也会在另一个轨道上出现。①

不仅如此，量子世界会有很多突变现象，例如，当照射在金属板上的光线频率不够高时，无论如何加大光照的强度，都不能够从金属板上产生电子逃逸的电流，只有当入射光的光线大于截止频率

---

① ［英］库马尔. 量子理论：爱因斯坦与玻尔关于世界本质的伟大论战［M］. 重庆：重庆出版集团，2012：83.

时，才会出现光电效应，这就是一种突变；又如，只有当两块铀235的体积超过临界体积时，中子才能够引发链式反应，造成核裂变，而低于临界体积的两块铀235，放在一起则是安全的。这些变化可能都是瞬间发生的。

“量子跃迁会发生在每一个星球、每一个星系、宇宙中每一个偏僻的角落，每次量子跃迁都会将我们地球上的世界分裂成无数个自我复制品。”平行世界理论之父埃弗莱特这样描述物理学世界。

意识的顿悟与改变世界的偶然事件

佛学中，六祖慧能在《坛经》中提出“前念迷即凡夫，后念悟即佛”“迷闻经累劫，悟则刹那间”，这就是所谓的顿悟，从时间角度来说，这种修身为佛的过程是瞬间完成的，将原来连续修炼的过程变得突然不连续，发生了证悟成佛的瞬间转变。

格式塔派心理学家认为，人类解决问题的过程就是顿悟。当人们对问题百思不得其解时，突然看出问题情境中的各种关系并产生了理解就是所谓的顿悟，这其中最主要的特点就是突发性、不稳定性和不连续性。这种突变就像艺术家所说的“灵感”，就像郭沫若在《我的作诗的经过》中所说：“在晚上行将就寝的时候，诗的后半的意趣又袭来了……那种发作大约也就是所谓‘灵感’吧?”抑或是很多歌手脑海中突然涌入的一段旋律，一位画家偶然在画纸上记录下来的旷世奇作，这些变化和创作都是不连续的。

意识就是一种量子力学现象，而意识的改变就如同量子跃迁。佛学中的开悟和艺术家眼中的灵感，都是人们的意识从一个能量级跃迁到另一个能量级的过程，意识超越了我们可以看到的轨道，将思维和感受带入了另外一个不连续的境界。这种变化不像高速公路上行驶的汽车，而是一辆量子车，人们感受不到加速或减速，一念成佛或是灵光一现的改变都是瞬间完成的。

2001 年 9 月 11 日，两架民航客机撞向了位于美国纽约的世贸中心，另一架袭击了位于华盛顿的五角大楼，世贸中心两座大楼坍塌，整个曼哈顿上空都弥漫着灰尘。“9·11”恐怖袭击就这样毫无预兆地发生了，瞬间改变了美国民众的心理、美国的外交政策和整个世界的格局。在这之前，小布什上台后改变了外交政策，美俄爆发“冷战”，将中国定位为战略竞争关系，整个国际局势非常紧张。然而，“9·11”事件的突然发生，美国将反对国际恐怖主义作为首要任务，发展与中国和俄罗斯的外交关系，加强国家之间的合作。这个突然爆发的灾难促进世界向多极化发展，世界政治格局也趋于稳定。

“9·11”突发事件引起政治关系的微妙变化，本质上也是一个量子跃迁的过程。意识本是处在“一念不生”的状态，突发外界碰撞，使得人类的思维瞬间进入了下一步的演变，国家与国家之间的政治关系重新进行了排列组合，反对国际恐怖主义上升为首要任务，国家环境由于思维的跃迁产生了不连续的、跳跃式的改变。

经济领域也会呈现出这样的突变，那些沿着一条技术路线逐渐积累、不断发展的产品或者企业，往往在新技术、新产品出现时突然发现自己已经无路可走，例如互联网时代来临时的 AT&T、移动互联网出现以后的诺基亚等企业，都是在原来的技术路线和商业模式下发展得很好，但是突然出现的新技术、新模式给整个行业带来了巨大的突变，微软、苹果等公司迅速崛起，AT&T 和诺基亚不得不退出历史舞台。

第五节 软价值：量子时代的新经济哲学

绝对时间、绝对空间、绝对质量的观念桎梏了物理学长达两百年之久，直到爱因斯坦逐步提出了“狭义相对论”和“广义相对论”，量子理论也打破了所谓机械论、决定论和还原论庇护下的“科学力量”。上帝不是一个钟表匠，他所创造的世界不像一个永远不会出差错的钟表一样准确运行，宇宙中的事物充满了跳跃性、偶然性和不确定性。人们甚至无法同时测量微观粒子的位置和动能，一个粒子可以同时处于两种状态，呈现“量子态”；人们看到的不一定是真实的，只是一种“概率”……

如同夏虫不知道冬天，我们的认知和判断也是相对的，量子物理学跨越了从绝对思维到相对思维的鸿沟，找到了另一种认识世界的方式，给人们的思维模式带来了巨大的冲击。就像量子跃迁，世界很多变化往往是不连续的、跳跃式的，一个偶然的突变或事件也可能改变世界。不是任何事件都能够呈现方程般完美的推导求解，因果关系呈现“纠缠态”，可能同时存在，互为因果或因果可逆；摆脱确定性思维的束缚，原来我们眼中的很多东西都只是观察后的一个“概率”，观察者不仅能够呈现事物，而且能够影响“薛定谔的猫”之生死，世界开始以人的意志而变化，判断出现的概率，才是量子时代的思维方式。

如同牛顿物理学曾经奠定那个时代的哲学认识论基础一样，狭义相对论、广义相对论、量子理论、测不准原理等现代物理学对世界的改造，不仅带来了人类财富形态的飞跃式变化，而且带来了哲学和认识论的变化。然而，价值的问题在很大程度上是一个建立在物理学运动规律上哲学和认识论的问题，当认识论发生了变化，经济学和哲学能不随之变化吗？

以相对论和量子力学为物理学基础和哲学认知基础，价值论有了新的研究对象。价值论研究的对象不再局限于制造和可以买卖的工业用产品，满足衣、食、住、行等基本生活需求，而是拓展到微观和高速运动的文化产品、知识产品、信息产品、金融产品、服务产品等。

在人类社会的发展历程中，物质与精神不可分割。依据马斯洛的需求层次理论，情感满足、自我实现等精神需求是温饱、安全等物质需求的延伸和升级。这些产品，比如一场演唱会、一款网络游戏、一场体育比赛、一次美容，借助于语言、数字、符号、图像、声音、电子信息、互联网等方式，能够带给消费者独特的心理体验，满足的是人们的精神需求，从而构建起了完全不同于硬价值的价值体系。

我们把通过各种物理、化学方法加工地球资源所创造的价值，叫做硬价值，把不以消耗地球资源为前提，主要以人类创造性思维活动为财富源泉的知识价值、信息价值、文化价值、金融价值、服务价值叫作软价值。

与硬价值不同，软价值的创造既不会对地球表层的动植物生态造成破坏，也不需要消耗很多能源或硬资源，而是来源于人类的思维活动或其他活动。软价值是由人类创造性思维活动和技能性活动创造，并由参与者的体验和传播放大的价值。软价值是一种神经元在电磁场影响下的同步放电，是一种量子力学现象。

软价值的价值源泉不同，也决定了软价值创造、价值实现和价值运动规律与传统的硬财富产品有本质的不同。软价值受到参照系的影响，是相对的，在不同的参照系中，其软价值大小也不相同。软价值创造受到主观和群体认知的影响，依赖消费和体验主体的心理感受和主观认知，以及是否能够产生神经元同步放电的思维共鸣；软价值不遵守能量守恒定律，可能会随着认知群体的增加而提升，也可能受到某种事件影响而突然跃迁或崩溃；软价值的运动规律不是线性的，而是阶段性收敛、非线性发散和不连续的；软价值不是一个点，而是按照概率出现在一定的区域当中……

软价值理论，作为量子时代的新经济哲学，将对经济学的思维、产业的发展、企业和国家的发展战略和宏观风险管理等，带来哪些影响呢？

第三章　软价值的新规律

第一节　相对性与参照系定律

参照系的影响

还记得警官驾车追逐光线的故事吗？在旁观者和警官自己的眼中，这件事是完全不同的两个场面——在旁观者看来，警官的车速越来越快，最终和光线并驾齐驱，而警官的手表指针和脸上的表情越来越慢，整个车子也被压缩到了极短的长度；但是在警官自己看来，他从未追上过光线，光线一直都是从他的身边以不变的速度（30万公里/秒）绝尘而去。之所以有这样的差别，是因为观察者和警官处在不同的参照系中。

同样，在软价值世界，一件软产品，在不同的环境中，接受者的反应往往差别很大。在东北很受欢迎的二人转，到了南方，观众可能就乐不起来了；如果东北人遇见苏州评弹，也会听得一头雾水。淮南为橘，淮北为枳。同样的制度设计方案、同样一本书的版权，在美国和中国的相对价值可能有巨大的差异；同样的文化艺术品，在十年前的价值和今天的价值也可能有天壤之别。

对所有软价值产品，都只能首先确定时间、空间等参照系，然后才能讨论其相对价值。

参照系的参数

目前有90多家公司在A股和H股市场同时挂牌上市，但是在两个市场上的股价走势往往呈现出不同的表现。例如，2014年之后，南方航空A股股价上涨明显快于H股股价；2015年7月，同一家公司的股票，H股股价只有A股股价的57.8%。

如果说股票的价格由基本面决定，在上交所和港交所交易的南方航空股票，其基本面是同一家公司，为什么会有这么大差距？如果说股票的价差由市场隔离决定，为什么在沪港通这样一个连通两个市场的交易渠道打通之后，A股与H股差价仍然存在，甚至越来越大？

对于一种金融资产而言，其价值取决于它所在的金融市场环境，是整体金融系统的有机组成部分。除了它自身的收益风险内涵之外，任何金融资产的价格都受到系统其他部分的影响，比如汇率、利率、物价指数、人们对市场的信心、整体估值和风险溢价，等等。

南方航空的股价之所以在上交所和港交所走势差异巨大，就是因为投资者在上交所和港交所面临的利率、汇率、市场规则（发行制度、交易制度）、资金结构、风险溢价、可替代品种都不同，也就是说，两个市场的软价值处于不同的参照系之中，在这样的背景下，同一家公司在不同市场呈现出不同的股价和走势属于正常现象，股价和走势相同则属于偶然现象。

在美国的资本市场上，谷歌、百度、阿里巴巴、亚马逊等网络科技公司有很高的估值，而中国市场上估值最高的往往是重组股、概念股、小盘股。这说明两个市场构成了不同的参照系，在具体某个参照系中，进行估值的比较才是有意义的。

对于软价值而言，参照系本身的变化所带来的相对价值变化，远远大于该商品本身的成本构造和需求结构改变所引起的价格调整。

参照系对于软价值的影响表现在两个方面：一是相同的软产品在不同的参照系中呈现出不同的软价值；二是当一件软产品在不同参照系之间进行移植时，必须进行适当的调整，甚至在进行调整之后，也存在因参照系差异过大而移植不成功的可能。

从伽利略变换到洛伦兹变换

在国际贸易中，美国生产的汽车可以直接销售到日本市场，中国生产的家用电器也可以直接进入欧洲的商店，需要调整的也仅仅是电压等产品本身的“硬参数”，可见硬产品的贸易相对比较简单；时尚服装，这种软价值含量较高的产品的贸易就要考虑出口对象国的文化、风俗和目前的流行趋势等参照系差异，可见软产品的贸易更加复杂。

例如，歌剧这种艺术形式，在欧洲可能是家喻户晓，一些著名的唱段对于普通人群而言也是耳熟能详，但是对于中国的听众而言就比较陌生，只有少数接受过西方古典音乐普及教育的人才能明白其中的含义和价值；到了音乐剧这种较为通俗的形式，通过剧情介绍、唱词配译等转换形式，中国的普通观众也可以欣赏《猫》《歌剧魅影》等著名作品；当主创人员将《妈妈咪呀》（*Mamma Mia*）通过适当的形式进行再创作之后推出了中文版——也是这部音乐剧的第 14 个全球版本——就在中国市场取得了巨大的成功。

如果从相对论原理的角度来看，硬产品的贸易发生在绝对空间的环境里，因此只需要进行“伽利略变换”，而软产品的贸易则发生在相对空间里，需要进行“洛伦兹变换”。

传统的牛顿力学中，时间、空间都可以被认为与运动速度无关，所有做匀速直线运动的惯性系都是相同的，硬产品在不同市场间的交易是畅通无阻的，这就是硬价值时代的“伽利略变换”。因此“伽利略变换”实际上就是“以不变应万变”，这实际上是一种绝对时间和绝对空间的观念。

当运动速度接近光速时，时间在不同的惯性系之间是相对存在的，这个惯性系的速度越快，时间就越慢，长度就越短，质量就越大。因此，在一个参照系中观测一个物理量，得出的坐标值只适合这个参照系，如果想同时在另一参照系中观测这个物理量，就要先经过特定的变换关系，将第一个参照系中描述其位置的坐标值进行转换，才能得到在另一个参照系中的坐标值，这种变化就是“洛伦兹变换”。

到了软价值时代，软产品的价值高度依赖于人们的主观感受和参照系的特点，因此在培育或移植某种软价值时，就必须进行“洛伦兹变换”。像音乐剧《猫》《歌剧魅影》可以通过剧情介绍、唱词配译等形式来进行变换，而《妈妈咪呀》则是通过推出中文版的形式，进行了更加彻底的“洛伦兹变换”。同样，交易制度、商业模式的设计或者移植，也要针对它所在的参照系——主要是政治、经济、法律和文化的环境——进行设计或者调整。

【案例】eBay 在中国：缺少洛伦兹变换

2003 年，eBay（易贝）通过收购 Eachnet（易趣网）进入中国市场，到 2006 年年底，eBay 已为中国业务投资了 3 亿美元，但收效甚微，市场份额不断下滑，直至 2006 年阿里巴巴旗下的淘宝网和腾讯旗下的拍拍网跃居其上，eBay 在中国的市场份额跌至低得可怜的

20%。2006 年 12 月 20 日，TOM（一家移动互联网公司）宣布以 49%的股份入驻 eBay 易趣，eBay 则退出 eBay 易趣的具体经营，仅以持新成立的合资公司 TOM 易趣 51%股份的身份保留其在华资产。eBay 的退出标志着 eBay 收购易趣之后在华市场的失败。

而 eBay 易趣之所以失败，是因为 eBay 在进军中国市场时错过了其对软价值进行洛伦兹变换的最佳时期，导致淘宝网后来者居上。

第一，选择全球化，忽视本土化。淘宝网刚成立的时候，eBay 将主要精力放到了易趣与全球平台的对接上，致力于将中国网站全球化，而忽视了本土化。eBay 总部喜欢“遥控”中国高管，不相信中国管理人员对当地市场的了解。

第二，直接移植对中国参照系不适应的佣金制度，eBay 错过了卖家。eBay 在初期保留了其在欧美市场的操作方法，向卖家收取物品登录费，成交之后还要按成交额收取提成。这说明 eBay 不了解中国市场，中国市场并不适应佣金制度，无须支付佣金的平台更有竞争力。

第三，忽视与消费者建立信任，eBay 错过了买家。eBay 不注重与用户建立亲密的信任关系，为了保证收到服务费，防止买卖双方线下交易，eBay 易趣前期严格禁止商家与消费者联系。而淘宝网则推出了即时通信工具旺旺，让买家和卖家直接进行在线沟通，这更加符合中国人的消费偏好。

此外 eBay 的 PayPal（贝宝）支付方式未能实现委托交易代收货款服务与销售流程的无缝衔接，从而也就无法吸引更多的中国用户。

因此，eBay 在中国市场基本沿用了其在欧美市场的战略，并没有深入研究软价值参照系的改变，导致在与淘宝网的竞争中，既未抓住商家，也没留住消费者。

第二节　群体认知定律

喜欢就能创造价值

在硬价值时代，一辆汽车的价值是由它的功能、配置等硬指标决定的，功能越强、配置越高的汽车价值就越高，消费者喜欢、欣赏这辆车，并不能增加它的价值；而在软价值时代，一部文艺作品、一只股票、一款网络游戏，使用的人越多，喜欢的人越多，评价的人越多，它的价值就越高，这是为什么呢？

在食物匮乏的年代，吃饱，也就是满足人对热量的基本生理需求是最重要的，没有条件计较好吃不好吃，更不会去考虑吃饭的环境、氛围和文化意义。而在软价值时代，吃饱已经不再是问题，怎么吃、在哪儿吃、跟谁一起吃这些影响人们主观感受的因素就显得越来越重要，米其林餐厅的价格是普通餐厅的几十甚至上百倍，正是体现出了软价值的主观性。

在牛顿物理学时代，人们认为各种物理性质都是客观、固定、孤立的，与观测者是谁、观测者是否去观测它，以及采取什么样的观测手段都没有关系。而在量子时代，就会出现“薛定谔的猫”这样奇怪的现象：在没有被观测的时候，猫可以是“既死又活”的，到底是死是活，全在猫被观察到的那一瞬间决定——客观世界不再是“不以人的意志为转移”的了，人的认知和参与开始起决定性作用。

在软价值时代，价值创造的主要方式已经从对自然资源的加工创造硬价值，转向人类的创造性思维活动和技能性活动创造软价值；而创造软价值的目的，也更多的是满足人们的精神需要，人们对软产品的传播、体验和评价，也在创造或者消灭价值。在这种情况下，创造性思维和群体认知决定软价值的大小，成为软价值的一个重要特点。对于信息产品、知识产品、文化产品、金融产品、服务产品等软价值产品而言，其价值不仅仅取决于这些产品本身的客观存在，而且更依赖于消费和体验主体的主观感受和认知。

大家觉得好，才是真的好

如果做个调查：“你最喜欢吃的食物是什么?”相信很多人都会回答：“是妈妈做的菜。”妈妈做的菜不仅能够充饥，更重要的是它给我们带来了母爱、家的温馨、儿时的回忆等诸多的精神满足，这时我们可以说，妈妈做的菜，给每个儿女都创造了一份“软价值”。但是，小明的妈妈、小英的妈妈做的菜，只是在小明、小英心中引发了“个体认知”，由此创造了一份“微量”的软价值，不可能有一位妈妈做出天下儿女都喜欢的菜来，创造出真正意义上的“软价值”。

而《舌尖上的中国》这部纪录片，却像是端上了一份多数国人都能认同的“妈妈做的菜”。除了丰富的素材和精美的拍摄，更重要的是，这部纪录片贯穿着中国人重视家庭、重视亲情的观念，片中有很多妈妈在全国不同的地方做家常菜，让不同地域的观众在看到千里之外的美食时，都能感觉到“妈妈做的菜”的香味，这就是成功引发了“群体性认知”，其本质是在广泛的人群中引发了同步的神经元放电过程。

主观感受在软价值的决定中起着关键性的作用，但是单个人的主观感受，只能决定自己的消费和效用，还不能决定一件产品的软价值大小，决定软价值大小的是群体性认知。

对于文化产品、信息产品、知识产品、金融产品等软产品而言，其价值不取决于某一个人对其重要性的认知，而取决于在多大范围内的群体性认知。

主观体验与暗示——群体性认知的重要来源

牛津大学的科学家做过一个实验，形象地说明了我们在没有参照系的情况下，仅仅一个词语标签就能深深地改变我们的想法——当实验者让实验对象嗅一种无色气体，然后告诉他闻到的是英国车打芝士时，实验对象大脑中的嗅觉区域就会因“饥饿感”而活跃起来。但是，一旦告诉他闻的是“体味”时，实验对象大脑的嗅觉区域就会停止活跃。也就是说，气味本身并没有改变，始终是纯净的空气，但是大脑因为标签不同而完全改变了嗅觉产生的反应。①

由此可见，在人对一件物品进行价值判定时，信息暗示导致的主观印象会起到非常重要的作用。越是在缺少参照系的情况下，自我心理体验甚至主观心理暗示发挥的作用越大。

这种信息可能来自产品发布者的告示，也可能来自前期消费者的影响——消费者往往会参考其他已经使用过这件产品的人的意见，来决定自己的消费行为。

---

① ［美］乔纳·莱勒. 普鲁斯特是个神经学家［M］. 杭州：浙江人民出版社，2014.

【案例】你会下载哪个乐队的歌曲

哥伦比亚大学的社会学家邓肯·瓦茨（Duncan Watts）曾经做过这样一个实验：实验者建立了一个网站，找了 14000 名参与者注册。参与者有机会试听、下载不知名乐队的歌曲，还可以给歌曲打分。实验者将参与者分为两组：一组参与者只能看到歌曲名和乐队名，另一组参与者还可以看到某歌曲被下载的次数。

邓肯·瓦茨把后一种情况叫作“社会影响”条件，他想知道，当参与者看到有多少人已经下载了某首歌时，会对他自己下载该歌曲的意愿产生什么样的影响。和预料中一样，在社会影响条件下的参与者果然受到下载次数的影响。下载次数越多的歌，越可能被新参与者下载，而不能看到下载次数的独立组则表现出截然不同的歌曲偏好。

这个实验清楚地表明，消费者的主观偏好在很大程度上是建立在其他消费者相关评价的基础之上的，这种主观偏好往往能够改变更为客观的产品质量评价所产生的效果。①

谁在接受，谁在传播，谁在欣赏

在以人的主观体验为主要标准的软价值定价中，像明星的出场费、形象代言人的报酬、广告创意的价值、咨询策划费，等等，基本上无法用生产费用理论来进行精确的计算，也不存在针对一般人群基本上相同的效用（对一部分人群效用极大，对另一部分人群效用可能为零），而是取决于特定群体性的效用认知。

① ［美］迈克尔·舍默. 当经济学遇上生物学和心理学［M］. 北京：中国人民大学出版社，2009：2.

因此，研究软价值，第一个要解决的问题是如何界定认知群体。认知群体越大，软价值越高——正因如此，通俗音乐的演出收入常常超过高雅音乐，通俗著作的销量常常超过学术著作。

认知群体影响力（社会地位、收入水平等）越高，软价值越高。因为，那些被影视明星和社会名流使用和推荐的商品，往往定价更高；相似的咨询顾问方案，卖给跨国企业巨头可能价值上亿元，而针对小企业只能收取几十万元。

认知群体从软产品获得的效用越大，软价值越高。因此，同一条信息、同一个想法，对于一个普通的体力劳动者可能一文不值，而对于一个高级决策者可能意味着亿万财富。

主观群体性认知波动与软价值

凡·高的画作在其生前并没有产生多大价值，现在却成为昂贵的珍品。一种软件应用系统、一款网络游戏原本很有价值，可是当人们开始偏好另一种软件应用系统、另一款网络游戏时，它的价值就一落千丈。

2015 年 11 月 15 日，著名画家李可染的画作《万山红遍》在中国嘉德 2015 年秋季的拍卖会场上拍出了 1.84 亿元的天价，而从历史传承来看，当初李可染将这幅画作卖给荣宝斋时才索价 80 元。

从反映国内国画投资成交情况的雅昌国画 400 成分指数来看，2000 年国画拍卖数量为 1284 件，成交数量为 884 件，成交金额仅有 1.6 亿元。以当时为基期定为指数 1000 点，到 2015 年秋季，拍卖数量已经增加到 9062 件，成交 6272 件，成交金额 48.7 亿元，指数也攀升至 5142 点，很明显这反映出国画艺术品认知群体的扩大。同时随着中国经济的发展，参与艺术品投资的群体收入水平自然也水涨船高，而富人群体也越来越看重艺术品投资所带来的精神享受、身份认知和财富增长。这充分说明了认知群体越大，软价值定价越高；认知群体影响力（社会地位、收入水平等）越高，软价值定价越高；认知群体从软产品获得的效用越大，软价值定价越高。

价值判断的主观性和群体性认知定律在金融资产领域表现得尤为突出。投资者的信心和情绪对于股票市场波动的影响，比实体经济变化的影响大得多，股票市场的价格水平甚至可以经常脱离实体经济变化而独立运动。

正因如此，从金融资产价格的波动中往往可以看到，一条消息引发投资者的群体认知发生变化，就有可能造成股票价格几十个百分点甚至成倍地上涨或下跌——投资者的群体性认知波动造成的影响，远远大于经济基本面和上市公司业绩变化的影响。

第三节　软价值的乘数与不守恒定律

小和尚的心跳

小和尚跟着老和尚下山化缘，一阵风把一位女孩的裙子吹得飘了起来，小和尚看见了，心扑腾扑腾地跳个不停。老和尚突然问他："你为什么心跳？"小和尚说："风在动。"旁边的师兄说："不是风，是裙子在动。"老和尚却说："是心在动吧。"

风动、裙子动，是软价值确定的客观物质基础，是比较容易测量的；而参与者的心动，是软价值的"乘数"，是难以测量的。借用信息论的概念，衡量出风动只是确定了"信源"（信号的发出端），而更复杂的工程在于"信道"（传输通道）和"信宿"（信号的接收端）。

一件软产品被创造出来，只有通过传播渠道进行传播，被参与者接收，并激发出群体性认知时，才是软价值创造。在这个过程中，无论是前期投入还是传播投入，都不能完全衡量这件软产品所创造的软价值大小，最终要看这件软产品形成了多大的群体性认知。

我们可以看到，在风动引发裙子飘动，导致小和尚心动的过程中，往往是一阵微风吹得裙子轻轻飘动，而小和尚的心已经像小鹿乱撞……由此可见，接收者的心理变化，对于最初的信号有很强的放大作用，正如我们上文讲到的，一条尚未证实的消息，就可能引发股市投资者心理出现很大的变化，最终导致大规模地买入或者卖出，引发市场大涨或大跌。

抽的不是香烟，是寂寞

20年前，中国媒体还把“可口可乐本质上是碳水化合物”作为新闻，怀疑这家外国公司是不是有点“暴利和欺骗”的嫌疑。后来，人们慢慢理解了，人家卖的不仅是水，更多的是在卖一种冰爽感受或消费文化。现在，中国也开始培育越来越多的以软价值为主体的休闲食品、饮品、补品，还出现了很多“卖环境氛围”的酒吧和休闲场所，甚至大米、鸡蛋等食品也被加上绿色生态、品牌信誉等“软价值”，虽然定价高于同类普通食品，但依然获得了很多消费者的认可。

显然，无论是迎合人们奢侈和炫耀的需求，还是开发人们潜在的精神和社交的需求，那些能够在休闲食品、补品、烟酒类商品上打造知名品牌、赚取高额利润的商家大部分并非骗子，而是拥有现代“软价值观”的成功商家——它们创造并满足了人们实实在在的文化、休闲、奢侈、炫耀、社交等精神需求，因而是软价值的创造者。当然，如果过分夸大商品的实际功能，误导甚至欺骗消费者，则另当别论。

有些媒体作为社会公益的化身，仅仅靠揭示某些产品的销售价格远远高于其材料成本，就指责这些厂商为“欺骗”，实际上是片面的。如果这些厂商没有虚构产品成分，没有误导消费者，媒体揭露这些产品的材料成本，不但低估了消费者的智商，没有理解消费者真正的购买动机，还可能侵犯了这些厂商的商誉，破坏了软价值的实现过程。

比如，那些攻击“脑白金”没营养的“专家”，为什么不去攻击中华牌香烟没营养？为什么不去攻击两三斤粮食酿造的一瓶“茅台酒”没营养？如同网络上的调侃，“人家抽的不是烟，是寂寞”，“喝的不是酒，是荣耀”。解决寂寞、满足荣耀值多少钱？

在美国文化风靡世界的年代，美国一个非常普通的品牌，到了中国就成了世界性品牌。很多美国的低端快餐食品，到了发展中国家就成为中产阶级显示情调的消费对象。如果中国人对这种现象感到愤愤不平，不妨回忆一下历史：中国唐朝的丝绸在西域的价格是杭州的数倍，在罗马的价格是杭州的几十倍——只要说是从“天朝大国唐帝国”来的商品，价格就会立刻暴增。

这种创造需求、创造价值、让价格暴增的力量，就源自软价值乘数。

什么样的产品让我们心动

什么样的产品更能引发消费者的心理感受变化？

看过英国知名喜剧演员憨豆先生（罗温·艾金森）作品的人，都会被他无厘头的手段逗得开怀大笑——没有沉重，没有说教，没有高低差别，也没有贵贱之分，谁看了他的表演都会被他所感染，尽管他自己从头到尾是不笑的。

当观众在《泰坦尼克号》这部电影中看到，露丝最终不得不放开杰克的手，眼睁睁地看他沉入冰海的时候，每个人都会被那种悲伤的感觉深深刺痛。

还有，在游乐场体验过山车的感觉，让我们感到自己仿佛在飞翔；观看世界杯、NBA（美国男子职业篮球联赛），球迷觉得自己仿佛也和大牌球星一样长传冲吊、盖帽扣篮……

这些软产品要么让我们觉得开心、愉快，要么让我们觉得自己被理解、被共鸣，要么能扩充我们的生命体验……因此对我们有很强的吸引力，能够引发我们强烈的心理感受。

历史上，商鞅在秦国实行变法之前，曾经几次面见秦孝公，跟他讲帝道、王道、霸道的大道理，秦孝公都不感兴趣。当商鞅跟他谈起“强国之术”时，秦孝公非常高兴，立刻采纳了他的建议，开始变法图强——商鞅的“强国之术”，其实就是一份针对性极强的咨询方案，也是一个能够引发客户强烈的心理感受的知识软产品。

成功的知识软产品，就是从客户的客观实际出发，抓住了客户最想解决的问题，或者指出了客户实现其目标的最佳路径，当然能引发他强烈的心理感受，一见倾心，如获至宝。

对不爱喝酒的人来说，所有的白酒都是一种辣乎乎的东西，毫无吸引力，但是对那些享受茅台酒的人，巴拿马博览会上闻香惊人的传说，红军长征路过茅台时以茅台酒解乏、治伤的故事，周恩来总理对茅台的推崇等，都将喝茅台酒与成就、地位、经济实力等未必能明言但肯定存在的心理感受联系起来，将茅台与一般的白酒，甚至其他的名酒都显著地区别开来了。

秤砣虽小压千斤——主导者与跟随者

很多人都还记得，从2008年开始，一双中国人很熟悉的球鞋刷爆了欧美的时尚圈。“飞跃”这款上海产的老牌运动鞋，被法国人帕特里斯·巴斯蒂安（Patrice Bastian）发现并介绍到欧洲后，受到了明星和模特出人意料的青睐：《指环王》中的精灵王子奥兰多·布鲁姆（Orlando Bloom）亮相位于曼哈顿的《纽约，我爱你》片场时，身穿墨绿大外套，脚上一双“飞跃”球鞋立刻成了新的时尚风向标，香奈儿和范思哲的品牌宣传形象大使波比·迪瓦伊（Poppy Delevingne），也在一次品牌宣传活动中穿着“飞跃”球鞋。明星的引导作用很快让这款鞋传播开来，很多喜欢运动紧跟潮流的欧美青少年纷纷寻找来自中国的“小白鞋”，国内一双鞋只需要几十元人民币，在法国却能卖到50欧元。

“飞跃”的例子说明了在软价值传播中主导者的作用，在时尚服饰这个领域，明星和模特的传播作用要远远大于一般的消费者。

对于知识软产品来说，新成果的发现者往往会成为这一成果的最早传播者，也就成了“主导者”。例如，本杰明·格雷厄姆就是“价值投资”理念的主导者，他认为自己找到了一条正确的投资之路，并将这条道路毫无保留地指给了广大的投资者。

在一些软产品的传播中，一部分接受者由于身份、职业、社会地位、经济能力等方面的原因，较早地接触到一些新的软产品，从而成为传播中的主导者。比如在好莱坞，对于一些阳春白雪式的电影作品，制片方难以确定它是否会被大众接受，就会在纽约和洛杉矶的高档社区影院先进行放映，因为这些地区的观众往往具备较高的文化艺术水平，比较容易接受这种曲高和寡的作品。如果这些观众接受了，他们的观点就会影响其他观众，因此他们就成了这部电影的群体性认知“主导者”。

法国心理学家古斯塔夫·勒庞在其名作《乌合之众：大众心理研究》中指出，群体和领袖的关系是，“他们（领袖）强烈的信仰使他们的话具有极大的说服力。芸芸众生总是愿意听从意志坚强的人，而他也知道如何迫使他们接受自己的看法。聚集成群的人会完全丧失自己的意志，本能地转向一个具备他们所不具备的品质的人”。①

主导者是怎样炼成的

在中国的电子商务领域，马云是当之无愧的认知主导者。1999年，当马云创办阿里巴巴时，他已经经历了从最初的触网、创办“中国黄页”遭遇挫折，到为外贸部成功开创电子商务业务，他对“为中小企业提供电子商务服务”这种新的商业模式在中国必将大行其道的心理认知程度很深。他相信自己在从事一项伟大的事业，阿里巴巴的 B2B（企业对企业）模式将为互联网服务带来一次革命。

在阿里巴巴成立之初，马云就设定目标：要做 102 年——跨越三个世纪，而且要成为世界上最大的电子商务公司。在马云这种认知主导者看来，由于他的心理认知程度非常深，他可以把八年、十年，甚至二三十年当作一年、一个月甚至一周来忍耐和度过；而他给软价值留出的心理空间又极为广阔，例如马云相信电子商务可以帮助中国的企业把生意做向全世界。

在很深的心理认知程度和相对的时间、空间观念支撑下，认知主导者的风险承受能力也逐渐加强。当软价值的传播遇到困难和危机时，他坚信自己一定能够克服困难生存下去。马云经常说的一句话是，“今天很艰难，明天更艰难，但是后天很美好”。

从马云的例子不难看出，测量某种软价值主导者的心理认知，是把握软价值运动规律的关键。而根据软价值的性质不同，测量的

---

① ［美］迈克尔·舍默. 当经济学遇上生物学和心理学［M］. 北京：中国人民大学出版社，2009：125.

侧重点包括：效用价值认知、空间和时间价值变化的未来预期、风险价值认知。进一步来讲，所有的认知本质上都是一种心理活动，因而对于软价值乘数的测量，本质上是对非线性的心理认知程度、心理时间、心理空间、心理预期、风险承受极限的测量。

心动背后的心理测量：软价值乘数

从小和尚看到美女的裙子被风吹动，到憨豆先生、世界杯、NBA，再到茅台酒和马云对电子商务理念的深度认知，我们深入研究了群体性认知的发生过程。

软产品的群体性认知，是从主导者的个体认知开始的。认知主导者因为认识和时间上的差异，先于追随者对软产品形成了深度的心理认知程度；在这种深度心理认知的作用下，认知主导者在软产品的认知参照系内，具备了相对性的时间和空间概念，同时风险承受能力也大大加强，这时认知主导者成了一个理想黑体，能够吸收周围的能量并将其最大限度地转化成热量释放出来。

从波动干涉①与共振理论出发，当软产品引发主导者的深度认知并释放出能量时，将会引起跟随者的神经元同步放电，产生频率、传播速度均相同但方向相反的反射波。入射波（主导软价值波）与反射波（跟随软价值波）相遇后产生最大振幅，两列波相互叠加增强，这就是所谓的“相长干涉”②，这时就形成了群体性认知，而衡量群体性认知的大小则需要软价值乘数。

---

① 干涉是指满足一定条件的两列相干波相遇叠加，在叠加区域某些点的振动始终加强，某些点的振动始终减弱，即在干涉区域内振动强度有稳定的空间分布。

② 波的叠加原理指出，两波的波峰（或波谷）如果同时抵达同一地点，称两波在该点同相，干涉波会产生最大的振幅，称为相长干涉或建设性干涉。

软价值乘数的本质，是参与者心理感受所决定的群体性认知弹性。“软价值乘数”是群体性认知弹性的测量工具：一件产品引发消费者心理感受变化的程度越大，软价值受主观认知影响就越大，它创造软价值的能力就越强，软价值乘数就越高；反之，一件产品引发消费者心理感受变化的程度越小，软价值受主观认知影响也就越小，它创造软价值的能力就越弱，软价值乘数就越低。

软产品进入传播阶段，它的软价值乘数就开始随着人们对它的消费、感受和评价而波动，可能在人们的赞扬声中逐步走高，也可能在一时的暴涨后逐渐下降，还有可能在上升中因为人们的认知突然逆转而出现暴跌。

总而言之，软价值乘数主要有以下几种变化模式。

第一，随着传播群体广度的增加而不断提高。对于具备了经典性质的文化软产品，其软价值往往能够随着传播群体广度的增加而不断提高，认知的人越多，其软价值就越高。就像凡·高的画作，在他生前只有屈指可数的亲朋认可他的作品，但在他去世后却逐渐得到了社会的欣赏。随着传播群体广度的不断增加，凡·高画作的软价值乘数不断提高，越来越多的人渴望能够一睹其画作的真容。关于凡·高的传记、电影、音乐作品也层出不穷，不断推高凡·高画作的软价值乘数。

像凡·高的画作、贝多芬的音乐、托尔斯泰和曹雪芹的文学作品，以及商周青铜器、元青花、明代家具等经典艺术品，它们所包含的创造性思维活动密度极高，因此其诠释空间几乎是无限的，由此可以预计，它们的传播群体广度会随着时间的流逝越来越大，软价值乘数也会不断提高。

第二，随着传播群体的增加，逐渐增加至高点后开始下降。很多流行产品的软价值乘数的波动规律会随着传播群体的增加而逐渐增高至一个点后开始下降。很多流行音乐就是这样，创作出来后通过电台、网络等传播渠道，获得了越来越大的群体性认知，软价值乘数也逐渐走高。但是绝大多数的流行文化软产品的创造性思维密度是有限的，在软价值乘数达到一个相对高点之后，传播群体中就出现了厌倦现象，新的流行音乐软产品也在分散和转移人们的认知，从这一点开始，这件软产品的软价值乘数逐渐下降，开始一个无限趋近于零但不会彻底归零的过程。例如，很多经典流行歌曲，多年以后还会有人因为怀旧而欣赏它们，但是整体而言它们的软价值乘数已经很小了。

大多数知识软产品的软价值乘数也会表现出这样的特征，新技术的应用往往能够给人们带来耳目一新的感觉，这时随着传播群体广度的增加，其软价值乘数也会不断走高，但是到达某一点后，如果没有及时更新，用户也会出现满足和厌倦的情绪，这时它们的软价值乘数就开始逐渐下降了。

第三，随着传播群体的增加而逐渐下降。一些奢侈品的软价值乘数会表现为随着传播群体的增加而逐渐下降。奢侈品的特征之一是稀缺性，如果在传播中破坏了稀缺性，奢侈品的软价值乘数就会随着传播群体的增加而逐渐下降，这样的软产品的软价值创造就是失败的。

第四，软价值乘数因为某种原因突然跃升或者崩溃。软产品的软价值乘数随着传播群体的增加达到某一点后，突然出现跃升或者崩溃，这往往是因为参照系的参数突然发生了重大变化。例如，某家上市公司所在地突然被划为国家级特区，这使得人们对它的认知发生巨变，其软价值乘数也会出现暴增；又如，两个国家的关系突然由友好转为敌对，对立国家的软产品在对方国内的软价值，必然会因为传播群体突然出现的敌对情绪而发生剧烈下降甚至崩溃。

还有一种可能是这件软产品的相关参与者发生了某种变化。例如，莫言作为著名作家，其作品在国内的软价值乘数经过多年的波动，已经达到一个比较稳定的高位；他获得了诺贝尔文学奖后，他的作品对人们的主观影响力也提高了，其软价值乘数也会出现突然的跃升。只有掌握了软价值乘数的波动规律，才能增加产品的软价值创造成功的概率。

软价值不守恒定律

从海森堡提出的不确定性原理（测不准原理），可以在理论上推导出，即使在绝对真空（纯粹空间）中，也会随机地出现能量，这些能量旋即就消失了，能量越高，存在的时间就越短，这种完全超越日常经验的“无中生有”的现象，被称作量子涨落或者真空涨落。

1957 年，李政道和杨振宁发现了弱相互作用下宇称不守恒的现象，并由吴健雄的实验加以印证，这项发现获得了当年的诺贝尔物理学奖。这些理论和实验上的进展，破除了人们对来源于牛顿物理世界的守恒、对称等概念在量子世界的错误坚持。

如果我们买一幅凡·高的画作，在一次次展览和拍卖中，看到、认知和喜爱它的人越来越多，那么这幅画也就越来越值钱，可见在软价值的世界里，价值是不守恒的，而这种不守恒与量子世界的不守恒现象是一致的。

软价值不守恒的根本原因在于，每一个欣赏、传播、收藏、评判软产品的参与者，都是这件软产品的软价值创造者，软产品的价值绝不完全来源于最初的创作者本身，而更多地来源于后期参与打捞过去价值、品味存在价值、判断未来价值的认知主导者和认知跟随者。在这个过程中，软价值的大小会不断波动，原始价值很大的软财富，可能在运动中价值归零；原始价值很小的软财富，也可能在市场中越滚越大。

例如，在工业社会中，由于价值总量是守恒的，股东和员工只能在企业创造的硬价值范围内进行零和博弈：股东分得的红利多了，员工的薪酬就要减少；相反，员工的薪酬提高了，就会侵蚀股东的红利。

但是在软价值世界里，股东拥有企业的股票，员工拥有企业的股票期权，那么股东的财富和员工的报酬都可以体现为企业的市值。如果企业的发展看好，投资者对企业的信心增强，使得股票价格上涨，股东的财富体现为股票升值，员工也可以通过期权行权实现自己创造的软价值。

其中，企业创造的金融软价值是不守恒的，只要投资者对企业有信心，股票价值在一定范围内就可以一直持续上升；反过来，如果投资者对企业失去信心，股票价格也可能跌到零甚至退市，软价值将会完全湮灭。

有学者指出，世界物质的构成是 D-d 粒子，其中物质粒子 D 可以转化为信息粒子 d，并且逃逸，造成“宇称不守恒”的物理定律——这可以作为“价值不守恒”定律的物理学理论基础。[①]

---

① 林左鸣先生在其著作《广义虚拟经济：二元价值容介态的经济》中指出，宇称，一个空间反射对称，即同一粒了之间互为镜像，它们的运动规律是相同的。李政道、杨振宁在 1956 年证明，宇称不完全守恒，粒子和反粒子的存在规律也不完全一致，宇宙大爆炸生成的物质比反物质多一些，大部分物质与反物质湮灭了，形成了现在的物质世界。1998 年欧洲原子能中心认为，K 介子转化速率>负 k 介子转换速率，证明了时间不对称。林左鸣先生创新性提出物质的三种存在形态：物质态、能量态和信息态，并把物质和信息相互作用叫作容介态。

第四节　软价值的非连续与不确定性定律

两个“奇迹年”

在物理学的历史上，有两个“奇迹年”。第一个奇迹年是 1666 年，牛顿回到乡下老家躲避瘟疫，结果，在这段日子里，他单枪匹马发明了微积分，完成了光分解的实验分析，还对万有引力定律进行了开创性思考。换句话说，在短短的一年时间里，牛顿就为数学、光学和力学三大学科奠定了最重要的基础。

第二个奇迹年是 1905 年，爱因斯坦连续发表了六篇论文，[①] 分别在分子和布朗运动、光电效应、狭义相对论三个领域做出了开创性的贡献，彻底地改变了现代物理学的面貌。[②]

尽管牛顿和爱因斯坦的成就不止于此，但是他们的成绩并不是平均分布在各个年份，而是在自己的“奇迹年”爆发出的惊人灵感，这充分证明了人类创造性思维活动是不连续的。

---

① 这六篇论文分别是：3 月 18 日，《关于光的产生与转化的一个试探性观点》；4 月 30 日，《分子大小的新测定法》；5 月 11 日，《热的分子运动论所要求的静液体中悬浮粒子的运动》；6 月 30 日，《论运动物体的电动力学》；9 月 27 日，《物体的惯性同它所含的能量有关吗》；12 月 19 日，《关于布朗运动的理论》。

② 曹天元. 上帝掷骰子吗：量子物理史话[M]. 北京：北京联合出版公司，2014，59-60.

吸收“特定能量”才能出现价值跃迁

根据量子物理学中巴尔末公式①给出的“电子跃迁”，软价值也同样具备非对称性与非连续性，在一定条件下发生非连续性跃迁。如图 3. 1 所示，用最简单的电子跃迁示意图来更形象地说明这种量子化的非连续性行为。在原子核附近的低能电子只有吸收巴尔末公式定义的“特定能量”后，才能从能量较低的电子定态转换为高能级的电子定态，而这种变化是不连续的、跳跃式的，被称为电子跃迁。同样地，即便边际成本为零，软价值的创造也必须经历“吸收”特定量的投入后，才可能实现非连续的“跃迁”。

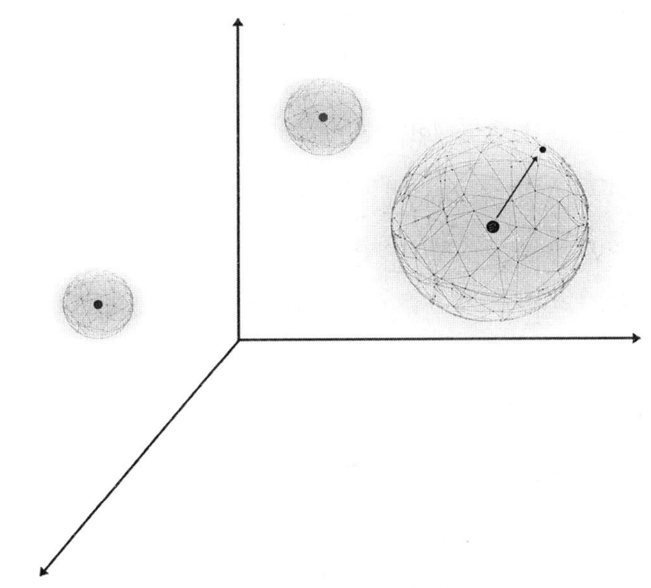

图 3. 1　软价值跃迁

---

① $\frac{1}{\lambda}=R\left(\frac{1}{2^2}-\frac{1}{n^2}\right)$　$n=3, 4, 5\cdots$ 其中 R 是里德伯（Rydberg）常数，其值为 $1.0973731569\times10^7 m^{-1}$。巴尔末公式是 1885 年由瑞士数学教师巴尔末（J. J. Balmer）提出的用于表示氢原子谱线波长的经验公式。

从量子力学“吸收特定能量才能发生跃迁”的现象中我们可以发现，在软价值的创造中，思维也是不连续的，因此软价值的创造也具备“不连续性”的特点。

软价值的不连续性

软价值的来源是人的创造性思维和技能性活动。心理学家发现，创造性思维的一个重要方面，就是在看似毫无关联的事情之间找到弱连接关系。[①] 这实际上就是非线性思维。线性思维是一种直线的、单向的、单维的、缺乏变化的思维方式；非线性思维则是相互连接的、非平面、立体化、无中心、无边缘的网状结构，类似于人的大脑神经和血管组织。[②] 创造性思维的非线性模式，根源还在于人类思维活动的量子特性。

在量子层面，物质活动的本质就是非连续的，不仅能量只能以最小单位的整数倍传递，其他的物理量，如角动量、自旋、电荷等，也都表现出不连续（量子化）的现象。由于思维的本质是大脑内的量子活动，因此思维必须遵循量子的运动规律，也呈现出不连续性的特点。

在这种“相互连接的、非平面、立体化、无中心、无边缘”的思维模式下，思维的过程往往是跳跃的，表面上看起来突破了时间和逻辑的单向约束，实际上符合某种更深层次的逻辑关系。

在诗人、画家、音乐家等艺术家的创作中，往往能看到非线性思维的魅力，实际上，在科学研究和技术发现中，也需要非线性思

---

① ［美］乔纳·莱勒. 想象：创造力的艺术与科学［M］. 杭州：浙江人民出版社，2014.

② 百度百科词条：“非线性思维”。

维发挥作用。德国化学家凯库勒在半梦半醒之间，突然意识到含有6个碳原子和6个氢原子的苯分子只能是环状结构的奥秘，就是科学研究中非线性思维的绝佳案例。

那些以创新能力见长的企业，如谷歌、3M等都会为员工提供非常轻松愉快的工作环境，与硬价值时代那些安排有序、管理严格的生产车间完全不同，就是因为这些企业的管理者认识到，软价值的创造是不连续的、跳跃式的。我们不能要求软价值创造者像生产线上的工人那样源源不断地提供软产品，心理学家也发现，刻意追求创造，往往会适得其反，在心情最放松、最愉快的时候，迸发出的创造力反而最强。

软价值的大小在很大程度上取决于软价值乘数，而软价值乘数的本质，是参与者心理感受所决定的群体性认知弹性。参与者的心理感受是不连续的、非线性的、跳跃式的，也就决定了软价值乘数是不连续的、非线性的、跳跃式的。同样地，软价值本身的大小也是不连续的、非线性的、跳跃式的。

在文物市场、艺术品和唱片市场，常常因为偶然因素引发人们的心理感受出现改变，进而引起软价值的巨大波动。比如，某歌手原本在酒吧唱歌，收取较低的费用，却因为某种机缘一炮而红，身价近千万元；“比特币”刚流行时，有人曾支付很多“比特币”才能购买一个比萨，但是它的价格很快就突破了1000美元，之后又陷入了长期的低迷……随着人们对区块链技术的认知不断深化，比特币也出现了持续上涨。显然，软价值的变化背后是人类的思维和心理运动规律，是非线性的、非连续的、跳跃式的，有时候并不遵循所谓量变到质变、质变到量变的哲学规律。

第五节　软价值域

一部电影的软价值到底有多大

如果拍摄一部电影，投入的资金是 1 亿元，我们能说这部电影创造的价值是 1 亿元吗？当这部电影创造出 3 亿元的票房时，能否说这 3 亿元就是这部电影的全部软价值呢？如果因为这部电影，带动了玩具、服装、图书甚至主题公园的消费增长达到 10 亿元以上，那么这部电影创造的软价值就是 10 亿元吗？如果这部电影成为百年经典，影响了几代人，那么它的软价值到底是多少呢？

在双缝干涉实验中，当电子枪持续发射电子时，通过双缝的电子并不是像牛顿世界的子弹那样勾勒出一条清楚的弹道，准确地落在某一个具体的位置，而是体现出波的性质，通过狭缝后出现了干涉条纹，这时电子落在哪个位置不是确定的，只能用概率来表述，因此电子呈现出的波的特性既被称为"物质波"，又被称为"概率波"。

同样，在软价值时代，我们也无法同时确切地衡量软价值的各个侧面，例如，软价值的认知群体到底有多大？软价值乘数的数值到底是多少？软价值的量是精确的吗？这些量都是不确定的，都在以概率波的形式分布在一定的空间里，这时的软价值处于"叠加态”，在这个空间里的分布有无数种可能性。

根据量子力学的原理，概率波在被观测时可能会出现坍缩，即从一种不确定的概率分布落到一个确定的数值，也就是说，本来有无数种可能性，现在只有一种可能性了。

以金融软价值为例，在开盘时间，一只股票的价格一直在不停地变动，我们不能说哪个时刻的价格是这只股票精确的软价值，只能说这只股票的价格以一定的概率出现在某个区域里，这时它呈现出波的状态。然而在每一次交易中，买卖双方的心理活动决定的报价相遇，这时这只股票的软价值就发生了坍缩，落在一个确定的成交价上，而这个坍缩的结果是不确定的，取决于交易双方的心理活动，甚至包括一些偶然因素，如金融市场上偶尔出现的“乌龙指”报错价的现象，就可能让价格出现突然的大幅变动。

软价值不是一个点，而是一个“域”

在双缝干涉实验中，粒子通过双缝后的运动轨迹并不是确定的，而是按照概率出现在一定的区域中，这一点与软价值的波动规律高度相似——软价值也并非是固定的一个点，而是按照概率出现在一定的区域当中。

例如，我们能确定一位电影明星创造的软价值是某一个确定的数值吗？当然不能。因为他所创造的软价值，是根据他作品的数量和质量、观众的数量和感受、媒体的宣传和评论等不断变动的，呈现出“域”的特征。我们只能在几个同类型的影星中大致比较每人创造的软价值是多少，却不可能将每个人的软价值固定到一个点上。

我们也无法确定一只股票的价值究竟是多少，因为它所创造的软价值在宏观经济数据、行业新闻、公司基本面消息、利率汇率变化（C）和市场群体大小（N）、市场情绪、预期（m）传染等因素影响下不停地变动，因此也呈现出“域”，即在一个范围内分布的特征。

在硬价值世界里，消费乘数和投资乘数都是收敛的。在软价值世界，软价值乘数可能是无限发散的，也可能是有限发散的，还有可能发散到一个极限后开始逆转，反向运动变为收敛——而这个反向运动的逆转点可能是随机出现的。

在软价值世界里，全面追踪分析软产品和软服务的投入成本、投资成本、沉淀成本，或尝试用各种方法计算其内在价值，并利用需求函数寻找确定的供求关系或定义绝对的价格，不但很难，而且很不现实。而利用黎曼数学、模糊数学、混沌系统确定参照系和相关参数，计算相对价值；区分软价值主导者和跟随者，追踪群体性认知的运行方向；按照变化非连续、互为因果、价值非对称的思维哲学，测量从不同角度的心理认知和软价值乘数，才能最终计算并描述出软价值的运动区间——软价值域。

显然，如果选择了错误的哲学认识论或错误的计算工具，自然无法得出正确的结论。著名物理学家爱因斯坦曾经长期纠缠在欧几里得数学方法中而无法证明其科学设想，直到他找到黎曼数学后，才成功地完成了广义相对论。牛顿在投资南海公司股票失利后，不得不感叹：“我能计算出天体运行的轨迹，却难以预料到人性的疯狂！”显然，几百年前的牛顿先生一定像现在很多投行分析师和艺术品专家一样，企图计算出某只股票或某件艺术品的确定价值点，而不是从参照系和群体性认知弹性（软价值乘数）出发，描述一个“价值域”以及软价值在这个域内的波动规律，因此他们的计算结果只能不断地被现实否定。

明白了软价值不是一个点而是一个域之后，就会放弃在固定点上寻找软价值精准定位的做法，而是更多地用测不准原理、概率论的思路来把握软价值的分布和运动规律。

第六节 软价值因果可逆定律

一篇微信：吸收、辐射，再吸收、再辐射

一个微信公众号的作者撰写并发布了一篇新文章，只是完成了价值创造的第一步；下一步，他的订阅读者发现了新的推送文章，开始阅读并在心中引起共鸣，这时软价值乘数开始累积；当有一定量的订阅读者读到这篇文章时，群体性认知开始形成，软价值的创造达到了一个新的数量级；接下来，订阅读者开始在网络空间转发这篇文章，或者通过口头向其他人推荐，软价值的级数增长开始了……随着越来越多的读者读到这篇文章，其中又有相当比例的读者选择订阅这个公众号，作者通过演讲、授课、形象代言和做广告，各种收入也开始增长。读者的阅读、评价和传播，是这篇文章、这个微信公众号，甚至这个作者的软价值创造的原因还是结果？

从这个例子可以看出，软价值的创造和享受难以明确地分开，享受软价值本身就是价值创造，价值创造本身也在促进进一步的传播，让更多的人享受。当你在微博上发表自己经历的新鲜事时，你感觉到快乐，并且为其他人带来了新鲜的信息，你是在创造价值还是在自我享受呢？当其他的网友点赞、评论、转发你的微博时，他们也感觉到快乐，并且让这条信息被更多的人看到，还加上了他们

自己的经历、感受，他们是在享受还是在创造价值呢？

黑体辐射理论的启示

量子理论认为，“黑体”可以吸收所有照射到它表面的电磁辐射，毫无反射与透射，却可以将所有这些辐射转化为最大量的热辐射。比如，射向太阳的辐射几乎会全部被吸收而很难反射回来，之后太阳再释放出最大量的热辐射，所以太阳可以被看成一个黑体。

我们从“黑体辐射”理论出发，培育软价值也是一个不断吸收消费群体的“意识”，如反馈、感受、评价等，再转化为最大量的“黑体辐射”，又能吸引更多的消费群体，然后再次吸收“意识”后，再次产生更大量辐射，如此不断循环。简而言之，培育软价值是一个“吸收、辐射，再吸收、再辐射”的循环过程，软价值培育与消费的过程互相叠加、互相纠缠，在反复吞吐辐射的过程中软价值随之不断增加。

到底是信心带来了资金，还是资金带来了信心

在资本市场，“到底是投资者的信心带来了增量资金，还是增量资金带来了信心”之类的争论永远没有结果。有了资金就有市场信心，有了市场信心也会带来新的资金——上涨本身常常会加速上涨，下跌本身常常会加速下跌。

有时候一旦对未来的某一种状态形成了一致预期，不但在趋势上不断加速，在出现拐点的时候往往会导致因果关系的错位。比如，当人们认定一只股票 1 年后的最高价格是 100 元，而现价是 50 元，如果大家都相信某种预言看涨而购买，那么这只股票的价格也会因为购买而加速上涨，也许半年就涨到八九十元。到底是真的有一个

因素使它上涨，还是人们想到了未来上涨的结果，反而造成了上涨呢？

不仅如此，如果人们都相信 100 元是一个最高点，那么人们往往会在 100 元以下抢先卖出获利，也许是 95 元，另一批人发现后又会抢先在更低点，如 90 元开始卖出，最后导致这只股票的价格最高点变成了 90 元。正是因为人们相信 100 元是最高价格，才会选择在 90 元抛售，那么也正是因为人们选择在 90 元抛售，这只股票的最高价格将会定格在 90 元，100 元永远不会成为真实的结果。

因为相信了果，才有了提前抛售，也因为有了提前抛售，才有了新的果。当人们对某一结果形成一致预期之后，可能会加速趋势，也可能会改变拐点，进而使所预期的结果，无论是时间的结果还是空间的结果都被改变，甚至原来的“果”变成了“因”，而原本的“因”却变成了“果”。

索罗斯用数学语言描述了这个过程。[①] 如果用 y 代表人的行为，x 代表人的意识，那么人的行为受到意识的影响，可以表示为：

$y=f(x)$，即行为是意识的函数，我们称之为“行为函数”；

同时，人的意识也是行为的结果，可以表示为：

$x=F(y)$，即意识是行为的函数，我们称之为“意识函数”。

那么，我们就会看到，这两个函数是同时起作用，互相输入，互相干扰，可以表示为：

$$y=f[F(y)]$$

$$x=F[f(x)]$$

也就是说，行为是行为自身变化的函数，意识也是意识自身变

① ［美］乔治·索罗斯．金融炼金术［M］．海口：海南出版社，1999：18.

化的函数，形成了一个自我循环、自我加强的系统，在该系统里，因果是无法区分的。

当投资者听到一个消息，他的意识产生了变化，判断某只股票将要上涨；变化后的意识输入行为函数，行为也发生了变化，即选择买入；买入导致股价果真上涨，对投资者的意识产生了进一步的影响，认为股票还要上涨，因此投资者又决定继续买入……我们看到的就是“越涨越买，越买越涨”的追涨现象，而在这个过程中，投资者的意识影响行为，行为影响意识，如此不断循环，我们难以分辨哪个是因、哪个是果。

其实这样的情形还有很多。例如，对于很多奢侈品，我们很难说清到底是因为奢华才价格贵，还是因为价格贵才显得奢华。

第四章　软价值的培育与创造

第一节　万博软价值方程

无法准确测量的价值

还记得第一章中的五个同学吗？他们精通并且深信经济学教科书上的传统价值理论，可是在现实中屡屡碰壁。这一天，他们又聚在一起，说起了自己的经历。

小L说道："这些年，我一直想把华尔街的价值创造过程用劳动价值论来解释，这样就能用社会必要劳动时间来量化计算谁创造的价值更多。可是让我陷入困境的是，在那里创造价值的是资本、业绩、品牌、信息、社会资源和风险溢价，这些根本无法折合成社会必要劳动时间，我最熟悉的劳动价值论也失去了用武之地！"

小F在咨询公司的业务能力不断提高，职位和收入也节节高升，他早已不再用"土地是财富之母，劳动是财富之父"的观念来看待自己的工作了，可是让他做一份激励方案，对自己团队的成员按贡献分配时，还是让他非常苦恼：这种只依靠人的资源、依靠智慧创造价值的业务中，怎样量化大家所创造的价值呢？

大F已经在那家电子商务公司做了经理，业余时间也在帮爸爸的家电制造企业做管理，并且着手对这家老厂子进行"互联网+"改造。让大F困惑的是，为了不断地开发新功能、新款式，设计师的薪酬已经比工程师还高。爸爸总认为是资金、人工、技术、管理和土地创造了财富，但为什么要给设计师支付那么高的工资呢？

小U给同学讲了她与顾客大姐的对话，大家都被她活灵活现的描述逗得开怀大笑，可是小U笑不起来："你们帮我想想办法啊，这样的顾客，根本没法确定效用，边际效用还能不能决定价值啊？"

小D接过了她的话头："你这才搞不定一个顾客，就别心烦啦，我用供求计算股票的价值，资金已经亏了一大块了，谁知道书本上讲的原理，到了实践中这么不靠谱呢？"

这时候，来自万博新经济研究院的师妹小W发话了："你们遇到的问题其实是一样的，就是在这个量子时代，怎么用万博软价值方程衡量软价值的大小。"

大家听了眼前一亮："万博软价值方程是怎么回事？"

小师妹的软价值课——万博方程

小师妹笑道："你们还不了解软价值方程吧？"她从波粒二象性讲起，讲了"既死又活"的薛定谔的猫，讲到量子时代人们思维方式的变化，再讲到软价值及其对社会的深刻影响，大家听后如梦初醒。

定了定神，小L发问了："这下我明白了，我们之所以觉得自己擅长的价值论无法衡量价值的大小，是因为遇到了软价值。看来要理解现在的经济，必须要用到软价值这个概念了。那你说软价值方程怎么衡量呢？"

小W微微一笑，在纸上写下了一个简单的公式：

$$V = C \cdot N^m$$

小D一看就说道："这很像爱因斯坦的质能方程啊！"

小 W 答道："是啊，既然是相对论和量子时代的价值衡量方式，这个万博软价值方程很像相对论的质能方程，也不奇怪！"

说完，她继续给大家解释，其中 V 是软价值的大小，C 是有效投入因子，N 是传播群体广度，m 是软价值乘数。这个方程的含义是，软价值的大小取决于三个方面：

有效投入因子（C）。在软价值创造过程中，投入了各种有形和无形的要素和资源，其中一些投入是无效的。例如，一个音乐系的学生，即使投入了大量的时间和精力，最终也没有成为一个合格的演奏家或者作曲家；一位作家，即使花费了大量的时间写作，也没有写出完整的作品，这样的投入就是无效投入。而那些创造出了软产品的软投入，则是有效投入，其中既包括时间、精力、天分、知识产权等无形投入，也包括资金、物质等有形投入。

传播群体广度（N）。传播群体广度最重要的维度就是参与群体的大小。一件软产品，接受的人群越大，传播群体广度就越大。如果一本书能卖十万册，传播群体广度就比只卖一万册的书大十倍。

软价值乘数（m）。软价值乘数的概念在第三章第三节中做出过详细的分析，此处不再赘述。

万博软价值方程认为，软价值的大小与传播群体广度的软价值乘数次方成正比，也就是说，软价值乘数在软价值量的大小中起着超出其他两个变量的作用，只有当它大于 1 时，软价值乘数才能为软价值创造发挥正向的作用。

大家听了小 W 的解释，纷纷点头表示理解。小 U 说："那么我们在工作中，该怎样运用这个方程来创造软价值呢？"小 W 说："那就要用到'两个飞行阶段，三级火箭助推'的软价值创造模型了。"

第二节　软价值创造：两个飞行阶段，三级火箭助推

硬价值创造的特点是，生产即创造，生产过程完成，价值创造即完成。我们无法给一件硬财富产品增加新的功能，从而增加它的价值（售后服务也是软价值）。硬财富产品的价值只能在使用中不断损耗，最后报废——硬价值最终消失。

由于软价值是由人们的思维活动和技能性活动创造的，因此它的生产过程与硬价值完全不同。根据万博软价值方程，在软价值的创造过程中，有效投入因子、传播群体广度和软价值乘数是决定其大小的三个变量，这三个量的形成和变化过程，就像是一枚三级火箭的三个子级，每个子级都有自己的发动机和燃料，都能为提高火箭的高度和速度发挥作用。

在多级火箭技术中，各子级之间可以是串联的关系，也可以用并联的方法连接。那么，有效投入因子、传播群体广度和软价值乘数这三个子级是怎样连接的？

如果我们用多级火箭的飞行来比拟软价值的创造过程，那么这段飞行可以分为两个阶段。在第一个阶段是本体创造阶段，主要是有效投入因子在发挥作用，它与其他两个子级是串联关系；在第二个阶段是价值发酵阶段，传播群体广度和软价值乘数像并联起来的

两个子级，共同发挥作用。

第一个阶段即本体创造阶段，就是软价值的有效投入形成阶段。如电影的拍摄过程、小说的写作过程、金融产品的开发过程、软件的开发过程、新技术的研发过程，也包括附加软价值的硬产品的生产过程。

软价值产品，如作者的小说手稿、出版社的书籍、制片公司的电影拷贝、软件的代码拷贝等，更多的是具备“粒子”的特性，这时很难确定这个产品的价值域到底有多大。例如，出版社拿到作者的作品后，只能根据估计决定首印量；制片公司先在小范围内邀请影评家和媒体观影，通过他们对作品的看法来决定下一步的推广策略；软件也会邀请少量用户进行试用（测试），看看市场反应和消费体验。

根据万博软价值方程，有效投入因子是软价值创造的第一步，在创造软价值产品的过程中，投入了资金、材料、人工、技术，最重要的是创造性思维投入了人的感情、思维和天赋，或者是技能性活动。

为什么叫作有效投入因子？有效投入是相对无效投入而言的，那些没有形成软价值产品的投入就是无效投入。

第二个阶段即价值发酵阶段，也就是软价值产品的使用、传播和评价阶段。例如，电影的发行和放映阶段、小说的销售和阅读阶段、股票的交易和研究阶段、软件的推广和使用阶段、新技术的应用和评价阶段，等等。

在这个阶段，软价值产品创造者的思维活动结晶，与使用者的思维活动相遇，而这是否能在量子级别引发大规模共振——引发大规模群体认知，决定了这款产品的成功与否。在该阶段，软价值更多地表现出“波”的特点，这个波能够在多大范围内传播，不仅取决于其本身的频率，还取决于传播的“发射功率”。

在这个阶段，主要是万博软价值方程中的传播群体广度和软价值乘数在发挥作用，扩大传播群体广度和提高软价值乘数都是软价值的创造过程，其中软价值乘数更能发挥指数级的作用。

同时，传播群体广度和软价值乘数这两个变量就像两个并联的子级火箭，是相互联系、相互促进的，更大的传播群体广度往往能够带来更高的软价值乘数，软产品具备了更高的软价值乘数也能够吸引更多的传播者加入，扩大传播群体广度。

第三节　软价值创造的第一级火箭：有效投入因子

作为软价值创造的第一级助推火箭，有效投入因子非常重要。不但其大小能直接影响软价值的大小，而且它是软价值产品的创造过程，是后两级助推火箭——传播群体广度和软价值乘数发挥作用的基础。要创造更大的软价值，就要提高投入因子转化为软价值产品的成功概率，也就是扩大有效投入因子。

与其所处的参照系高度吻合

培育软价值，应根据参照系的不同，设定同一软价值在不同参照系中的描述“坐标”，使同一软价值在不同参照系中都尽可能被接受、被认同，扩大群体性认知的范围。如果忽视时间、空间、文化等参照系坐标的差异，不进行“洛伦兹变换”，而是以生搬硬套的方式培育软价值，往往会出现“文化贴现”[①] 等不理想效果。

【案例】《妈妈咪呀》的有效投入因子适应了参照系的参数

美国享誉全球的著名音乐剧《妈妈咪呀》在中国上演前，先进

① 英文名称：Cultural Discount，指因文化背景差异，国际市场中的文化产品不被其他地区受众认同或理解而导致其价值的降低。霍斯金斯（Colin Hoskins）和米卢斯（R. Mirus）在1988年发表的论文《美国主导电视节目国际市场的原因》（*Reasons for the U. S. Dominance of the International Trade in Television Programmes*）中首次提出此概念。

行翻译和改编歌词，还招募了多位大陆、台湾地区出色的演员参与演出。从美国到中国，随着参照系的变化，同一部剧作如果想获得同样成功的演出效果，其具体展现形式必然要进行相应的调整。从2011年首次登上中国舞台至今，《妈妈咪呀》尊重参照系的文化差异，以高水准要求进行演员排演、制作、演出，拥有超过50万名的中国粉丝，形成了新的白领群体的消费认知。事实上，《妈妈咪呀》已经被翻译成14个语言版本，从美国拉斯维加斯到日本东京，在世界240座城市进行巡演，为全球4200万名观众带来了乐趣。然而，《妈妈咪呀》之所以能享誉全球，除了其强大的现场娱乐魅力外，更重要的是因为它针对每个参照系进行不同的洛伦兹"坐标"变换，通过招募本土优秀演员、以本土语言改编剧本歌词等方式，让目的地的观众群体更容易理解、接受其传达的娱乐内容，从而在演出的不同城市、不同参照系都能在观众中引起较大反响与认同，构建大范围的群体性认知。

相比之下，拥有近40年历史的美国王牌综艺节目《周六夜现场》，由中国某知名网络平台引进中国市场，因为没有根据中国参照系特征进行相应的语言翻译、文化解析等调整和适应，所以这个让美国观众开怀大笑的节目，却没有让中国观众乐起来。可见，不注重目标环境文化特点，直接照搬软价值产品，结果往往不尽如人意。

必须投入真正的创造性思维活动

成功创造软价值产品的关键在于，必须投入真正的创造性思维活动。无论是文化软产品、知识软产品、信息软产品、金融软产品，还是其他服务业软产品，概莫能外。回顾那些流传百代的伟大艺术作品、推动人类对世界认识的重大发现、提高资金运用效率的金融创新、让人们舒适放松的服务项目，其中都蕴含着真正的创造性思维活动和技能性活动。

凡·高在创作时充满了激情，有时甚至到了自虐的程度，尽管他的作品在生前无人理解，但是其所蕴含的对生活的渴望，最终还是引起了人们的共鸣；而华裔大提琴演奏家马友友更是在15岁时就掌握了难度极高的演奏技术，可以演奏出他人无法实现的和弦。可见，投入了极大的激情，加上积累和创造性天赋，创作出来的作品才能成为成功的软价值产品。

同样，在知识产业，要做好教育、咨询、会议等软产品，也必须真正投入创造性的思维活动，以教育培训机构新东方为例，想成为他们的教师必须先“脱层皮”：要经历七轮面试，持续时间长达三个月。不符合要求的应聘者会在内部培训中被分阶段淘汰，淘汰率达到50%左右。入职后，会定期邀请国内外教育方面的专家来对讲师进行严苛的“师训”，培训的内容涉及教课技巧、家庭教育知识、教育心理学等领域。

在金融软产业，像“余额宝”这类成功的金融软产品开发，更需要投入大量的创造性思维活动：在技术上，面对这么大的潜在客户群和日清算量，系统需要寻求新的发展路径；在收益上，需要在传统银行等大机构的压制下，仍然能够保持相对较高的收益率；在安全性上，也需要有完整的方案。这些困难都需要开发团队让自己的思维突破传统想法的限制才能克服。

【案例】《盗梦空间》：准备了20多年的有效投入因子

《盗梦空间》的编剧兼导演克里斯托弗·诺兰在16岁时就开始构思这个故事，随着时间的推移，诺兰拍摄了《蚁蛉》、《蝙蝠侠·侠影之谜》等影片，编剧和导演的水平都在不断提高。他还拍摄过《记忆碎片》，创造了一个“对他自身和周围的世界存在双重错觉的角色”——这一切都仿佛是在为《盗梦空间》的成功做准备。

“回顾我拍过的片子，即使它们一部比一部大，我还是感到我必须要与片中的角色建立很强的情感联系，才能使我在漫长的拍摄岁月中保持兴趣和激情。”诺兰这样总结他的电影拍摄经验。

最终，诺兰在《盗梦空间》的剧本和影片中，融入了自己以往编剧和拍摄的经验、自己对家庭和生活的理解，终于完成了这部出色的作品。其中最重要的投入，就是导演和演员的创造性思维，正是如此才让这部影片尚未播放，就已经具备了很高的有效投入因子。

在软价值的创造过程中，既有激情投入和呕心沥血的创作，也有不少是缺乏真实的创造性思维活动或技能性活动的跟风、模仿或者敷衍之作，后者不可避免地会遭遇失败的命运。

当然，运用得当，跟随者策略是一种成功的商业手法，但是必须指出的是，那些成功的跟随者，往往也在模仿对象的基础上，增加了自身真正的创造性思维活动或技能性活动，因此才能创造出成功的软产品，他们的投入才是有效投入。如果百事可乐只是简单地模仿可口可乐的产品和营销，那它绝不可能成为与之并肩的第二大碳酸饮料品牌。

【案例】跟随者要“创造”不同

百事可乐诞生于1898年，比可口可乐问世晚12年。当时，可口可乐一统饮料市场，在消费者心目中的认可度很高。而作为碳酸饮料跟随者的百事可乐曾两次濒临破产。20世纪30年代经济萧条，人们对产品的价格格外在意。当时在同样的价格下，百事可乐每瓶为12盎司，可口可乐只有6.5盎司，这给了百事可乐一次机会。虽然第二次世界大战后成本上升导致百事可乐价格上涨，失去了之前的优势，但是之前的营销策略无疑将百事可乐带入了公众的视野。

20世纪60年代，通过对市场的细分，百事可乐发现相对于成年人，青少年更加青睐百事可乐。因此，它创新营销方案，打出“百事可乐，新一代的选择”口号，给自己贴上“年轻、时尚”的标签。百事可乐还邀请红极一时的歌星迈克尔·杰克逊、莱昂内尔·里奇为其做广告，赢得了年青一代狂热的心。

1975年，百事可乐在达拉斯进行了品尝实验，将百事可乐和可口可乐都去掉商标，分别以字母M和Q做上暗记，结果表明，百事可乐比可口可乐更受欢迎。因为百事可乐比可口可乐甜9%，第一口感对百事可乐有利。而对青少年来说，也是味道越甜越好。随后，广告公司对此极力宣扬，使百事可乐的销售量猛增。

与此同时，百事可乐不断尝试多元化的战略，不再局限于饮料行业，开始进一步拓展相关行业，如食品、运输、体育用品等。

因此，跟随者需要“创造”自己与领导者的不同之处。百事可乐在与可口可乐竞争的过程中，迎合了年轻人的需求，打造了“百事可乐，新一代的选择”的品牌形象，由此不断扩大自己的市场份额，最终成为与可口可乐并肩的著名品牌。

有效投入要找准共振群体，才能引发神经元同步放电

众所周知，某个特定频率的电磁波，只能被特定频率的接收器接收到，这就是电磁感应现象。软价值在创造时也必须考虑受众的“心理感应”，明确自己所针对的“共振群体”。

例如，一个导演在制作一部影片之前，首先要明确这部电影是“拍给谁看的”，是青年男性观众，还是以女性为主，抑或是主打儿童市场。一个手机生产厂家在推出一款新产品时，也要考虑主要是针对商务人士、白领阶层，还是学生群体，抑或是老人。明确了这一点，就可以根据共振群体的心理特征，设定软价值的特殊“振动频率”，才可能在膨胀阶段受到更广泛的群体性认知。例如，《喜羊羊》系列动画电影精准针对八岁以下的儿童群体，取得了很大的成功。

随着社会的发展，价值观多元化越来越深入，在同一年龄段或收入群体内部，还可以细分成更多的受众群体。例如，在20岁以下的青少年群体内部，就可以分成体育迷、军事迷、动漫迷等细分的共振群体，这就需要软价值创造者进行更加深入的共振群体研究和分析。

在电影创作中，也有一种被称为“四象限电影”的作品，票房往往能够获得很大的成功。四象限是指将人群分为四类，即25岁以下的男性、25岁以下的女性、25岁以上的男性、25岁以上的女性。“四象限电影”就是可以同时兼顾四类年龄群观众的电影。这种影片往往混合了正剧、喜剧、动作戏、音乐剧、爱情元素，等等，想把这些元素充分地结合起来，需要很高的软价值创造能力。①

---

① 全球最吸金动画电影的秘密：合家欢、全年龄为终极奥义，时光网，http：//news. mtime. com/2015/12/21/1550501. html。

黑体的吸收、辐射循环模式

从“黑体辐射”理论出发，在软价值的有效投入阶段，如果能够不断吸收消费群体的“意识”，如反馈、感受等，对软价值进行优化调整，再转化为最大的“黑体辐射”，使之更加符合消费群体的心理需要，更容易为消费者所接受，吸引更多的消费群体，然后再次吸收“意识”优化调整后，产生更大的辐射，如此不断循环，那么有效投入的成功概率将大大提高。

相信很多朋友都喜欢追看美剧。事实上，大家熟悉的《老友记》《越狱》《绝望主妇》《生活大爆炸》等经典美剧都是采用边写、边拍、边播的方式完成的，整个过程是一个吸收、辐射，再吸收、再辐射的循环黑体辐射过程。

当然，如果观众反馈严重不佳，编剧也会大幅删减剧本内容，甚至停拍或停播。《绝望主妇》和《欲望都市》连播八年后告终，剧情显颓、女演员容颜褪去，收视率下降，观众群体的感受同样最终影响软价值的培育，失去了观众就无法吸收来自观众的电磁辐射，后续吸收后的再辐射也就更加无从谈起了，因此最终不得不停播。

相比之下，国内多数电视剧的制作水平和收视率都无法与美剧、韩剧相提并论，究其原因，这种屏蔽观众的感受与意见、编剧一人执笔完成的创作过程，使软价值培育所能“吸收”到的“辐射”更多源自编剧创作，而源自观众的反馈则少之又少，观众只能在已上映剧目的传播过程中对增加软价值含量起到一定作用，但无法在培育过程中对软价值的创造产生实际影响，因此在这种方式下软价值的培育成功与否更多地取决于编剧创作，剧目一旦上映基本上就不再延续“黑体辐射”的“吞吐”过程，有效投入成功的可能性就不如黑体辐射的方式。

有效投入因子的理想黑体

在软价值创造的投入阶段，很大程度上就是要创造或者寻找一个“理想黑体”：先吸收所有入射电磁波（即培育软价值所需资源），再释放最大的热辐射，在如此吸收与辐射的循环过程中推动软价值的培育，将会提高有效投入的成功概率。作为“理想黑体”，关键因素的吸收与辐射的能力是培育软价值过程中获取资源的保证，也是推动软价值成功跃迁的关键。

这个作为理想黑体的关键因素，在科技型企业中，可能是乔布斯、马斯克这样的创始人物或核心领导人物；在电影中，可能是斯皮尔伯格或者汤姆·克鲁斯这样出色的演员或者导演；在体育运动中，可能是C罗或者贝克汉姆这样的大牌球星。他们无疑都是特定领域的天才，具备高密度、高质量的创造性思维或技能性活动能力，是具有强大吸收、辐射能力的理想“黑体”。

【案例】苹果公司的两大理想黑体

1997年，苹果公司正处于黯淡时期，乔布斯回归后，迅速大刀阔斧地对公司进行改革。他奔走全世界，只为寻求一位他认可的真正超级设计师，为此他向IBM ThinkPad的设计师萨帕，以及几位卓越的建筑师、汽车设计师共同发出邀请。但最终乔布斯在苹果内部发现了另一位关键性人物——设计师乔纳森·伊夫（Jonathan Ive）。就这样，在追求极致、完美的理念下，乔布斯和乔纳森·伊夫两位关键性的影响力核心人物对于苹果公司的软价值创造起到了理想黑体的作用，他们吸收了当时能够吸收的艺术和技术要素，创造出了

iMac、iPod、iPhone、iPad、Mac等一系列软价值含量很高的产品，在满足需求的同时也为用户带来了更加享受的快乐体验。

是否必须有这样的大咖出现才能成为理想黑体呢？事实并非如此。一项关键的技术发明、一个感人的故事、一个简洁有效的算法，或者是一个组合资源的新想法，都可以成为吸收辐射、放出热量的理想黑体。

但是，我们在强调内核人物重要作用的同时，还要时刻警惕来自内核人物培育软价值的错误方法，应该拒绝“为了创新而创新”的尝试，更应该拒绝忽视用户感受而完全围绕内核人物感受的创新，因为这些做法往往会带领整个培育软价值的过程误入歧途。例如，Fire Phone的失败正是由于亚马逊总裁贝索斯的一意孤行。最初贝索斯提出了一系列大胆而具有创造性的想法，意在为消费者创造独特的用户体验，这对于培育软价值无疑具有积极作用。但是在Fire Phone培育软价值过程中，贝索斯参与研发团队的细枝末节，亲自介入硬件和软件部门，既与设计师进行头脑风暴，又与UI（用户界面）团队讨论界面设计的问题，而所有这些都使培育软价值的过程变成为贝索斯服务的过程，却忽视了从消费者的体验欠缺出发的根本方法。正是内核人物的错误让亚马逊浪费了数以亿计的研发成本。

中国众所周知的某家电制造企业的领导，不顾及员工和客户感受，选择自己的老年肖像作为新产品代言，从一开始就排斥了有效投入因子，失败早已成定局。

跨界：FarmVille的成功与派克笔的致命错误

提到FarmVille，可能很多人都不知道，但是说到开心农场，大家就很熟悉了。没错，FarmVille 就是脸书上的开心农场。著名社交游戏公司Zynga 开发了 FarmVille、FrontierVille、FishVille 等一系列交互式游戏。表面上，这些游戏允许 Zynga 收集用户数据以及在这些数据的基础上对游戏进行修改，而事实上，这些游戏远远不止一个版本。因为公司可以收集到游戏中的数据，所以一旦有玩家难以过关或者因为对某一关不感兴趣而不想再玩了的时候，Zynga 就能通过这些数据发现问题，然后对游戏进行修改；但是更加隐性的是，该公司会针对不同的玩家设计不同的游戏，像 FarmVille 就有好几百个版本。①

Zynga 公司的这种做法，一方面，符合黑体辐射原理，不断吸取消费者的辐射，根据用户体验调整软产品，再转化成热量释放出来；另一方面，它也走了一条开发多元化软价值的道路，即同时针对不同的共振群体开发同一件软产品，这件软产品可以同时在不同的人群中引发神经元同步放电，创造不同人群的群体性认知，这就是所谓的“跨界”现象。

但是跨界实际上需要对共振群体有更精准的把握，如果无法精准把握各个共振群体的心理特征，而只是想通过模糊特点来得到各个群体的接受，往往会出现“谁都想讨好，但谁都讨好不了”的情况，走上软价值创造失败的道路。例如，曾经以高档书写笔定位的派克钢笔，20 世纪七八十年代在竞争对手的挤压下陷入了困境，为了挽救这个品牌，新任总经理彼得森做出了一项致命的决策：全力生产定位于 3 美元以下的中低档钢笔。此举使原来认同派克高端定

---

① ［奥］维克托·迈尔-舍恩伯格. 大数据时代［M］. 杭州：浙江人民出版社，2013：183.

位的消费者因为派克定位的改变而纷纷弃之而去，中低端市场又毫无起色，派克公司高档钢笔的领导品牌地位迅速被竞争对手所取代。

立体创造：利用希尔伯特空间的矢量规则开发多元软价值

在量子理论的研究中，数学上的希尔伯特空间①理论发挥了很大的作用。希尔伯特空间由有限维的欧几里得空间推广而来，是一个无限维空间。量子力学中的每个物理系统都可以用希尔伯特空间来表示，而系统中所有可能状态的波函数由空间中具有方向的矢量来描述。

从这个角度出发来分析，多元软价值就是由维度无限的希尔伯特空间表示出的一个物理系统，空间中不同“维度”的“矢量”用于描述不同一元软价值的可能波函数，当每个一元“矢量”表现出良好的波动性，就能从一个维度的某一方向吸引某个消费群体。于是，在无限维的希尔伯特空间中，多元“矢量”便能从更多不同方向、不同角度吸引多个消费群体，从而使多元软价值更容易被大范围群体所认知。

【案例】AKB48 的立体软价值创造

比如，对于日本女子组合 AKB48，不熟悉的人可能会顾名思义——只是一个 48 人的组合而已，爱穿格子超短裙，长相甜美，令人印象深刻。事实上，AKB48 总人数超过 500 人，成为吉尼斯认证的“世界上成员最多的流行团体”，且成员各具特色。整个组合就是

---

① 希尔伯特空间是欧几里得空间的一个推广，其不再局限于有限维的情形。与欧几里得空间相仿，希尔伯特空间也是一个内积空间，其上有距离和角的概念（即由此引申而来的正交性与垂直性的概念）。此外，希尔伯特空间还是一个完备的空间，其上所有的柯西序列等价于收敛序列。希尔伯特空间是公式化数学和量子力学的关键性概念之一。

一个希尔伯特空间，而每个成员分别具有不同的突出个人特质，或乖巧可人，或气质不凡，或帅气爽直，等等，这每一种特质便是一种一元软价值，由一个“矢量”来表示，能满足某一受众群体的心理感受。根据希尔伯特空间理论和软价值的乘数作用，当每个一元“矢量”波性叠加时，便会推动多元软价值在整个空间立体表现更大范围、更多维度的波性。

多元软价值的成功培育反过来也为其中某个一元软价值的发展奠定了良好基础。除了日本的AKB48，美国的碧昂斯所在的女子演唱组合“真命天女”的成功，以及碧昂斯后来独立发展且个人成绩耀眼都再一次证明，多元软价值作为一个整体能够吸引更大认知群体，而同时其中一元软价值也会相应地被进一步激发释放出更大能量，从而更有利于构建属于一元个体的固定认知群体，一元个体的软价值可以获得更好的培育。

第四节　软价值创造的第二级火箭：传播群体广度

成功的软价值创造，能够不断发酵膨胀，必须有一定的传播群体广度，这就是软价值创造的第二级助推火箭创造认知群体。

扩大传播群体广度的两种方式：星火燎原和先声夺人

扩大传播群体广度，可以分为“星火燎原”和“先声夺人”两种方式。[①]

在娱乐软产品的营销中，“星火燎原”式的宣传被称为“有限发行策略”，这种方式往往在开始时投入的资源较少，等到趋势比较明朗时再追加资源。而有些软产品甚至没有宣传资源投入，完全是自发地形成了“星火燎原”的结果。

例如，《我的盛大希腊婚礼》刚拍出来时，有些看到样片的评论家认为它是一部让人“昏昏欲睡”的影片，并不看好它的市场前景，于是制片方也只在100家影院安排上映，起初只是通过在美国居住的希腊社群进行口碑传播。然而，随着电影获得的好评越来越多，制片方开始慢慢扩大发行范围，向更大的观众群体推销这部影片，在上映了一年之后，这部投资500万美元的小制作影片，最终收获

---

① ［美］安妮塔·埃尔伯斯. 爆款：如何打造超级IP［M］. 北京：中信出版社，2016.

了 2.4 亿美元的票房。

另外，好莱坞对于那些内容曲高和寡的电影，也往往在纽约或洛杉矶的高档社区率先上映，然后逐步推广到其他地方。这是因为这些地方的观众最容易接受这种阳春白雪式的电影，他们积极的口碑又可以帮助电影更好地渗透到其他市场，进而将票房推到一个新的高度。

由此可见，这种慢热式的宣传推广方式会被那些宣传预算较少，或者产品比较曲高和寡的软产品创造者采用；而资金雄厚或者面向大众市场的软产品，往往会采用“先声夺人”的方式，即在面世之初就投入大量资源进行宣传，让这个产品在众多同类选项中脱颖而出，抢先进入接受者的意识。

好莱坞大片是这种宣传方式的最佳范例，在一部大片开始立项时，宣传活动就开始安排。在新片上映前 6~8 周时，宣传开支会暴涨；而在电影首发的前两周，2/3 的宣传预算被投放在电视广告上。这种营销方式的特点是，宣传的效果在软产品面世后会很快显现出来——成功的作品会在短时间内收获巨额票房，也有不少投入大量宣传预算的作品，在上映后的短时间内不能成为“爆款”，那么基本上就可以被判定为是一部失败的作品。

你的产品“发射功率”够大吗

电磁波的传播会随着空间扩展而逐渐衰减，那些发射功率越大的电磁波，传播的范围越远。软价值的传播也是一样，只有加大发射功率，才能保证有足够多的受众接收到信号，让传播群体广度达到最大。

以一度在某些人群中颇为流行的脑白金为例，自 1998 年脑白金进入市场以来，其始终根据波粒叠加的“两分法”，虽然其产品本体功能基本没有变化，但每年始终坚持高额宣传费用投入，在中秋、春节等传统节日更是加大宣传力度。国际著名调查公司尼尔森媒体研究公司的研究报告显示，脑白金 2003 年广告支出费用达 15 亿元人民币。2013 年脑白金仅在央视广告投入就达 1.8 亿元，而此前脑白金已持续 10 年保持超过 1 亿元的央视广告巨额投入。

选择正确的传播渠道

在硬价值时代，硬产品主要通过“批发—零售”的销售渠道到达消费者手中，这种模式也随着时代的发展不断变化，最终在美国出现了沃尔玛，在中国出现了国美、苏宁这种大型连锁销售企业，通过扩大规模，在降低成本的同时，更重要的是在与生产商的谈判中获得了更有利的压价优势，通过低价吸引消费者，成为硬价值时代扩大硬产品传播群体广度的有效形式。

在软价值时代，无论是软产品还是硬产品，传播渠道都更加多样化，主要原因就是通信技术的飞速发展。

现在，除了电影院，电影还可以通过网络点播、电视点播等进行传播，移动互联网等信息传播方式早已将传统的报纸杂志等方式远远甩在后面；网络技术也大大加快了知识传播的速度，以往通过书本和学校传播，现在可以以光速通过网络教育和电子文档传播，全球的知识更新几乎可以同步；更不用说金融行业，通过互联网络，跨国金融交易可以在毫秒级的时间内完成。

硬产品的传播方式也逐渐升级换代，电子商务可以让人们在任何时间、任何地点选购商品，通过方便快捷的物流，消费者可以省心省力地在家坐等送货上门。

也许在不久的将来，真正需要现场消费的，就是那些体验性的服务软产品，如表演、美食、身体护理，而其他的软产品都可以通过某种网络技术手段实现更方便快捷的传播。这时，为了获得更大的传播群体广度，软价值的创造者更需要选择正确的传播渠道。

为软产品选择正确的传播渠道，要根据目标群体的特点。例如，针对年轻人的软产品，应当选择微信、微博、直播等新媒体渠道进行宣传，借助网购等方式实现传播；而以老年人为目标群体的，则应当选择电视、报纸等传统媒体进行宣传，通过商场、超市等商业机构进行销售；以儿童为主要目标群体的软产品，应当考虑卡通频道、游乐场广告等传播渠道；以私家车主为主要目标群体的，则不妨考虑交通广播这种针对性极强的渠道来进行传播。

激励传播渠道的新方法

传播渠道的利益分配方式，在软价值时代与硬价值时代有很大的不同。例如，在硬价值时代，一家生产衬衣的厂商要进行宣传，无论是通过报纸、电视还是电台，都只有“付费做广告”一种形式；而到了软价值时代，软价值产品可以通过分享群体性关注的不同方式，与传播渠道实现更加丰富和立体的利益分配。

例如，制作方影视剧的播放权换取电视台的广告时段的做法早已不再新鲜，现在的信息技术可以做到，播放平台通过智能算法，精准快速识别影视剧内物品，并提供购买的链接，这样观众就随时可以购买与心仪的男女主人同款的化妆品、眼镜、手表、高跟鞋、时装等商品，播放平台也可以从中获益。

第五节 软价值创造的第三级火箭：软价值乘数

在软价值创造中，软价值乘数是第三级助推火箭，它的主要作用是提升认知感受，而且由于它处在“指数”的位置上，在软价值量的变化中起着超出其他两个变量的作用。当软价值乘数大于1时，它能够使传播群体广度呈指数级增长。

为软价值乘数推波助澜

《盗梦空间》上映之后，以其“烧脑”的情节设定和富有内涵的情感因素，迅速成为热门电影。有人看了六遍以上，是当时重看率最高的影片。甚至有观众边看边做笔记，试图厘清梦境之间复杂的逻辑关系。在网上也出现了大量的讨论，有人撰写长文解析编剧的思路，为影片最终“陀螺是否停止转动”争论不休。所有这些观看、评价、分析、传播，都在强化已经看过电影的人对影片的主观感受，同时也对尚未看过的人产生更大的吸引力。换句话说，传播群体的认知和评价都会推动软价值乘数不断波动。

我们经常可以看到，一辆新车上市后，会有专业媒体进行测评，发布测评报告；一款新的手游也会让资深玩家先玩，同时通过直播、评论等方式来激发群体性认知；一部电影刚上映时，则会通过举办首映式、影迷见面会的方式来提升软价值乘数，就连我们认为是偶然爆出的明星绯闻、片场花絮，也都在为电影的软价值乘数推波助澜。实际上，软价值创造者和参与者一直都在通过主动营造气氛、引导舆论、引发话题等方式，促使软价值乘数不断走高。

比如，《暮光之城》电影的上映可谓轰动一时，而影片的男女主演罗伯特·帕丁森与克里斯汀·斯图尔特的恋情传闻从电影第一部上映一直持续到最后一部，现实中分分合合的明星绯闻吸引了大量观众的注意，从主观心理上影响了影片观众对票房的贡献。在电影结束后，两人以分手告终，让热爱《暮光之城》的观众唏嘘不已，但在整个系列电影上映过程中恋爱绯闻对影片软价值的乘数发酵无疑对票房持续飙升起到了指数级的巨大推动作用。现在很多人为制造出来的舆论热点也是想通过创造更多群体性认知感受，增大软价值，从而提高自身收入。

运用引导者策略是提升软价值乘数的重要手段。根据软价值乘数的原理，当软产品引发主导者的深度认知并释放出能量时，将会引起跟随者的神经元同步放电，产生频率、传播速度均相同但方向相反的反射波。入射波与反射波相遇后产生最大振幅，两列波相互叠加增强，这就是所谓的“相长干涉”，这时就形成了群体性认知。因此软价值传播者经常邀请明星、名人为自己的软产品代言，这实际上就是一种主导者策略。

提升软价值乘数的另一个办法是，通过挖掘软产品的历史价值、未来预期、感觉唤起，形成群体性认知。例如，茅台酒就以闻香惊人的传说、解乏疗伤的故事，令开瓶斟饮的人感觉自己像两千多年历史传奇的延续；从国酒地位、外宾敬仰，让消费者感觉到成功者的气宇高度和身份象征……茅台酒厂就是通过从这几个方面讲述自已的故事，提高了产品的软价值乘数。

提高硬产品的软价值乘数

最初，硬产品的价值主要在于它能否满足人们的某种生理需要。在牛顿物理学时代，对人类精神需要的满足还没能被提上日程，精神需求只是生活中的些许点缀，或者是少数富人才能享有的专利。在这个阶段，所有的厂商关注更多的都是如何满足客户的生理需求，如何让物品更耐用、功能更多，以及如何更快、成本更低地生产出来。

随着生产能力的逐步提高，在比较发达的经济体，满足人们生理需要的目标已经基本实现，这时满足人们精神需要的重要性就日益凸显，在各种软产业蓬勃发展的同时，给硬产品附加更多软价值也越来越受到重视。

量子时代，同时也是软价值时代，以满足人们精神需要为主要目的的软价值成为主要的价值形态，因此硬产品的生产者也应当向软价值的创造者转变，更加重视消费者的精神需要，不但要给硬产品附加更多的软价值，还要尽量提高其软价值乘数。当然，强调满足消费者精神需要，并不是说不重视功能实现，只不过在软价值时代，完美流畅的功能是任何一个产品的出发点，而不再是终点——功能实现是在上一个时代就应该解决的问题。在软价值时代，创造者需要做的是在完美流畅功能的基础上，为产品赋予满足用户感情诉求的神奇力量。

【案例】Nespresso 咖啡机："咖啡中的阿玛尼"

雀巢公司 Nespresso 咖啡机团队在产品的市场推广遇到挫折后反

思时意识到，“这么多年来做了如此多的技术工作，就是为了将这款Nespresso咖啡机做到完美，却在即将攀至顶峰时停了下来，忘记了最后也是最关键的一步——将产品情感化，抓住浓缩咖啡爱好者无法言说的期待和渴望，并将其表达出来”。

意识到这一点之后，研发团队花了近两年时间对这款咖啡机进行了重新设计，将咖啡机从一款传统的四方形黑盒子，转变成有型有款、外观性感的设备，用团队领导瓦克曼的话说，就是“咖啡中的阿玛尼”，媒体对它的评价是“拥有像赛车一样流畅外观的机器，其设计初衷就是诱惑钟爱电子设备的人群，并为老旧传统的厨房带来现代气息”。经过这番改造，Nespresso咖啡机从此便找到了曾经缺失的情感能量，成为一款成功的产品。[①]

需要指出的是，要创造和培育更多的软价值，不能将功能的设计与情感诉求的满足割裂开来，而应当从一开始就综合考虑这两个方面。就像乔布斯所说的：

我们一直希望苹果公司站在科技与人文的交叉口，我们希望可以把人文元素融入这些产品中。现在整个计算机产业忘记了人文方面，只在意技术方面，很多人认为频率越高、内存越大越好。但是我们觉得还有完全不同的另一面，就是你用这些产品来干什么，除了表格和处理器之外，我们还能用这些产品做哪些其他事情？能否通过音乐、视频、照片等更加丰富的方式来帮助人们更好地表达自

① ［美］亚德里安·斯莱沃斯基，等. 需求：缔造伟大商业传奇的根本力量［M］. 杭州：浙江人民出版社，2013：192-193.

己的感情？[①]

也就是说，创造者思维要求我们在一开始规划一件产品时，就考虑人们的情感需求，并将此作为贯穿设计始终的原则，这样才能将硬产品的软价值乘数最大化。

① 史蒂夫·乔布斯在 2001 年接受 NHK 采访时的谈话。

第六节　弯曲而立体的软价值实现路径

软服务：从硬到软，越来越贵

在美国，一个高级餐厅的大厨年收入为 4 万 ~6 万美元，而像艾伦·杜卡斯这样的顶级大厨年收入可以超过 1200 万美元，这种巨大的差异原因何在？

从软价值的角度来看，理发师、厨师、按摩师、普通演员、教师等职业，虽然有一定的技术含量，但是大部分价值来源于无差异的人类劳动，因此具有可测算的服务成本，也有相对稳定的消费需求，其定价更类似于硬价值。

而随着上述服务差异化、技能化含量的增加，成为高级美发师、特级厨师、特级按摩师、著名演员、教育专家后，其提供的软服务的服务成本就包含之前若干年的累计训练，这种服务的成本就很难测算，而一旦这种软服务变成奢侈性的特色技能享受，其需求也超越了一般服务和商品的范畴，档次提高、群体扩大，需求曲线开始飘忽不定，基本上脱离了硬价值运动规律，向软价值运动规律靠拢，这就是为什么艾伦·杜卡斯的收入是一个普通大厨的几百倍。

同样，一个普通上班族创造的价值，其定价也更接近于硬价值，而明星演员、明星作家的创作，知名画家、著名学者创意性的活动，其定价则完全不同于硬产品，完全按照软价值规律运行。

他们的服务没有确定成本可以测算，他们的创意性也无法线性产出，对他们的服务和软产品需求不再是某个个体，而是扩大到整个社会的巨大群体，他们的创意会被千百次地传播、复制并引领潮流。这就是为什么邓超在《奔跑吧，兄弟》中靠“玩游戏”就能拿到3000万元/季，以及为什么王菲一场演出的出场费就达到几百万元。

软产品：边际成本为零，卖得越多赚得越多

对于那些由差异化劳动或创意性劳动制作而成的标准化软产品而言，一方面，其需求弹性极大，加以宣传就可以产生巨大的销量；另一方面，新增产量的成本接近于零，所以很多类似于书籍、软件、信息等的知识产品、文化产品、信息产品单位定价并不高，同其参照系中同类软产品质量、效用和价格差异也不大，相较而言主要依靠扩大销量和影响力来提高收入。比如，一本诺贝尔文学奖获得者的小说，在书店的价格并不比普通作家的著作贵，但是销量和经济效益有天壤之别。

除了个性化软服务的高定价和标准化软产品无成本大量推广之外，软服务还有很多其他定价方式，比如，会计师事务所或律师事务所的按小时计费，以及某些体育、文化俱乐部、健身俱乐部的会员制收费，甚至歌星和体育明星的签约费和俱乐部转会费，等等。

然而，无论其软服务的定价方式如何体现，提高单次出场费、提高标准化软产品销量、提高会员费和签约价，都离不开前文谈到的软价值定律：相对性与参照系、主观性与群体性认知、乘数与不守恒、非连续性与不确定性、价值域、因果可逆定律。

在软价值时代，大量的软价值并不是通过“一手交钱、一手交货”这种直接、传统的方式实现的，它的实现路径可能是弯曲的、立体的、多元的、共享的……

【案例】姚明的身价

大家都熟悉的篮球明星姚明，其会员费、广告身价就是不同的软价值体现方式：姚明的软价值不是绝对的，而是相对的，既跟随全美国篮球明星的身价而变，又受到中国市场和中国球迷的参照系影响；姚明的软价值是主观的而不是客观存在的，其俱乐部身价取决于美国篮球市场的群体性认知，而其国内广告身价取决于国内粉丝的群体性认知；姚明的身价是因为突然签约某个俱乐部迅速提高到千万美元而不是一点一点涨上去的，其软价值变化是跳跃性的、非连续的；姚明身价越高吸引的粉丝越多，粉丝越多进一步推高其身价，互为因果；姚明的身价不是一个固定的点，而是随着参照系、群体性认知的变化而在一个价值域内波动，并且随着光环的消退而向一个固定的方向运动……

你享受，我付费：软价值的“非对称”实现方式

一直以来，我们可以在电视上免费收看影视作品、文艺表演；可以通过广播收听新闻、音乐；可以通过网络免费追剧、读小说、浏览微信；今后甚至可以在虚拟现实技术的帮助下“身临其境”地逛数字博物馆、漫游各种奇境——也是免费的。

这些软产品真的是免费的吗？实际上，在你享用它的同时，已经有人替你为之付费了，这就是软价值的非对称性实现方式。也就是说，软产品可以通过向一部分用户群体提供免费使用来提高传播

群体广度和软价值乘数，而向另一部分群体收费来实现软价值。

比如，很多互联网门户网站通过免费提供内容的方式扩大影响力和点击率，然后通过广告盈利；谷歌、百度等公司通过免费提供搜索服务而吸引用户，然后通过出售搜索位置或广告位置获利；微博和微信也一样，免费为使用者提供发布信息、交流信息的平台，并通过广告、移动支付等其他方式获利。

先有名，再有利：软价值的“分段”实现方式

在易中天做客中央电视台《百家讲坛》开讲《品三国》之前，他是厦门大学中文系的一个普通教授，过着和其他学者一样的生活，撰写论文、申报奖项、出版专著、收获版税、举办演讲……这些都很难卖出门票。

不过，易中天懂得抓住机遇，在《百家讲坛》里凭借幽默风趣、白话式的讲解，得到了听众的追捧。无论是《汉代风云人物》，还是之后的《品三国》，易中天都抓住了广大听众的心理，将晦涩难懂的历史用通俗易懂的语言和盘托出。同时立足于每一个历史人物，揣摩其心理，丰富了人物形象，使历史事件更深入人心。可以说，通过《百家讲坛》这个平台，易中天成功地创造了巨大的软价值，无论是传播群体广度还是软价值乘数，都是一般学者难以企及的。

这个软价值有多大？当然不能用节目录制和播出期间易中天的收入来衡量。在录制节目期间，易中天只收取录制节目的差旅费和录制费，这与其之后出书获得的收入相比是微不足道的。

这种知识软价值的实现方式是“分段”的。第一阶段，易中天借助《百家讲坛》这个平台，将自己推销给大众，与大众分享自己的历史见解，产生共鸣，从而提升自己的知名度。第二阶段，在已

经拥有广大“易粉”的基础上通过出版图书、参加讲座、主持、售书签名等活动的方式实现软价值。如《易中天品读汉代风云人物》首印数量就达15万册，《易中天品三国》书稿也在北京举行了“无底价竞标”等，由此将第一阶段积累的社会影响力兑现。不仅如此，易中天成名之后，参与的活动也越来越多，这些又进一步提高了其知名度，抬高了其身价。易中天于成名后两年，即2007年荣登“中国作家富豪榜”。

软价值时代，越来越多的软产品都采用这种“分段”方式来实现：第一阶段，任由软价值自由、免费传播，并通过推动社会公益、促进社会进步、增加社会福利，来积累传播群体广度和软价值乘数，从而创造软价值；第二阶段，通过多种多样的方式把第一阶段积累的社会影响力兑现。

软价值的立体实现方式

当我们打开电视机时，几乎任何时候都有一个频道在播放《喜羊羊与灰太狼》《熊出没》等动画片，这种看似免费的软产品提供者，并不会做亏本生意，当孩子随时随地都能看到喜羊羊、懒羊羊、灰太狼和熊大、熊二时，就已经建立起了一个很大的传播群体广度，加上这些动画片针对幼儿心理特征的形象和情节设计，所以软价值乘数并不低，由此建立起的软价值量是不容小觑的。

如此大的软价值应该如何兑现呢？立体实现方式是一个很好的选择。就像太阳发出光芒，月亮、星星通过反射太阳光也有了亮度。这时可以采取灿烂阳光免费，月光、星光收钱的办法，通过核心产品+周边产品的立体方式实现软价值——电视上的动画片免费看，通过卡通形象拍摄大电影、销售玩具、服饰等衍生产品来兑现软价值。

《喜羊羊与灰太狼》六部电影的总票房超过 7 亿元，衍生品市场规模已经超过 60 亿元。

这种实现方式实际上在好莱坞已经是通行模式。例如，当迪士尼创造出米老鼠、唐老鸭的卡通形象后，孩子可以在电视上免费看到这些有趣的动画片，而迪士尼则通过销售玩具、服装、图书，以及迪士尼公园的门票和其他消费收入，实现大量的软价值。迪士尼的另一个作品《狮子王》，前期投资仅 4500 万美元，收获票房 7.8 亿美元，衍生品收入高达 20 亿美元。《星球大战》三部曲，全部票房收入为 18 亿美元，衍生品入账超过 45 亿美元。在美国，衍生品的收入高达电影总收入的 70%，远超电影票房的两倍之多。

从追求利润到追求市值：软价值的资本化实现方式

亚马逊创建于 1995 年的第一波互联网热潮期间，是全球最早从事电子商务的公司之一。创立之初，亚马逊专门开展图书销售，后来逐渐扩展到影视、音乐与游戏、电子与电脑、百货等多品类。

1997 年，亚马逊成功上市，当时的定价是每股 18 美元，估值达到 4.38 亿美元，那时堪称天价。但实际上亚马逊在上市时还是亏损的，1997 年亏损了 2700 万美元，而且亏损额在逐渐扩大，到 2000 年（也就是互联网泡沫破灭的那年），亚马逊的亏损达到 11.41 亿美元！亚马逊一度被称为互联网领域最擅长亏损的公司。当时亚马逊的股价一落千丈，市值跌掉了 90%。但是亚马逊的图书销售、音乐下载、大数据应用和物流自动化带来的客户体验改善所创造的巨大软价值并未因此消失，最终这些软价值体现在了亚马逊的股价上。2017 年 3 月，亚马逊的股价超过 850 美元，市值已经超过 4000 亿美元，它的创始人兼 CEO 贝索斯目前持有大约 8200 万股的亚马逊股票，市值接近700亿美元。

由此可见，软价值可以通过资本化的方式实现。在以往的商业模式中，创业企业实现盈利或盈亏平衡非常重要，因为这意味着一家新生的企业渡过了生死关口，可以继续生存下去。但是随着风险投资、股权投资、企业并购等金融制度的发展，软价值创造企业往往可以不等到实现盈利或盈亏平衡，就通过资本化的方式如上市、被其他企业现金收购、股权置换，实现其软价值。

只要人人都给我一块钱：软价值的共享实现方式

在软价值时代，信息软产品、知识软产品可以以极低的成本在网上传播，同时，网络支付等方式已经非常成熟，给软价值的共享方式带来了可能性，这就是一种类似于“全国人民每人给我一块钱”的价值实现方式。

例如，媒体曾经报道，一位名叫王某某的在线授课教师被称为“天价老师”，原因是他在网上讲授的高中物理在线直播课很受学生的欢迎，共有2617名学生购买了一节单价9元的高中物理在线直播课。扣除20%的平台分成后，王某某老师的时薪高达18842元。后来王某某说，网上公布的时薪其实已经很低了，现在自己最高时薪为25000元，月收入能达到20多万元。

这种知识产品共享方式的特点是价格低、传播广，对一个学生来说，一节课只花几块钱，消费的心理壁垒很容易被打破，但是网络的特点是覆盖广，只要你讲得好，全国的高中生都可能来听你的在线课程，这样很容易收到“聚沙成塔，集腋成裘”的效果。

与此类似，分答、微博问答等知识共享平台也提供了这样的知识产品共享模式：首先邀请明星、知名人士和专家等人在线回答问题，并给提问标出价格；那些愿意向名人请教的网友，就按照价格向名人提问；同时，观众可以支付很低的价格（如 1 元钱）围观答案，而围观答案的观众所付的费用，由平台、提问者和答问者分享。

这种模式最终的结果就是，如果名人的软价值乘数足够高，提问者提的问题足够吸引人——软价值乘数很高，那么就能产生很大的传播群体广度，即使极低的围观成本也能收到不小的收入，这样答问者获得了收入，提问者有可能收回自己提问的费用，甚至还有盈余，而观众只需支付很低的价格就能看到有价值的内容——是一个各方都满意的共赢结果。

现在非常火爆的共享单车其实也是运用了软价值的共享实现方式。通过先进的技术和随用随停的便捷优势，共享单车建立起了非常大的软价值域，而收费的门槛非常低，骑行一小时只需 1 元或 0.5 元，这也构成了一种类似于“全国人民每人给我一块钱”的价值实现方式。

就像我们还未能穷尽量子世界的所有秘密一样，我们也远远未能发现软价值世界的所有规律。可以预言，软价值的实现方式是多种多样的、立体的、跨时空的，随着软价值的发展，会涌现出更多的软价值实现方式，但是它们都不会脱离软价值规律。

第五章　软价值的流向与分配规律

第一节　有效投入因子与软价值分配

简单劳动养家易、致富难

提起美国著名黑人投资专家克里斯·加纳（Chris Gardner），你可能并不熟悉，但相信很多人看过奥斯卡获奖电影《当幸福来敲门》，影片就取材于加纳的真实人生经历。相信你一定记得影片中加纳做普通推销员努力工作却难以养家的辛苦经历，一定记得他的妻子为补贴家用一天打两份工所付出的努力，也一定记得妻子不堪贫苦离开后，加纳打零工赚钱维持他与儿子露宿街头、颠沛流离的极度艰苦生活，劳动仅仅维持着他平淡稳定的基本生活。

一次偶然的机会，加纳在路上看到一辆红色法拉利，上前问车主是做什么的，车主说："股票经纪人，月薪 8 万美元。"要知道，这比加纳的年薪还多一倍。为了让家人过上好日子，从此加纳决定转行做股票经纪人，零基础的他凭借天生对数字敏感、头脑灵活的优势，经过努力钻研后掌握了股票市场的知识与技能，成为华尔街一家公司的出色股票经纪人，随后顺利地开了自己的股票经纪公司，最后成为百万富翁。从一无所有到百万富翁，加纳正是由于掌握了股票经纪人的知识与技能而获得了更高的软要素收入，摆脱了之前仅能维持温饱的生活困境。

在长达几千年的重农思想影响下，中国人的传统财富观是：一靠劳动，二靠节约。然而，历史一再向中国勤劳的老百姓证明：简单劳动养家易、致富难。“锄禾日当午，汗滴禾下土。”农民一直是辛勤劳动的代表，但是在农业社会，辛勤劳动的农民往往只能养家糊口，发家致富的是拥有土地和牲畜的地主；进入工业社会后，忙碌在矿井深处、炼钢炉前的工人也非常辛苦，但是当面临全球产能过剩，有些煤矿、钢厂不得不关闭停产时，最先面临下岗转岗的往往也是第一线的工人。

即便在 iPhone 这样的高科技产品的产业链上，富士康这种生产型企业的工人，只有通过更多的加班才能增加收入；富士康集团，甚至整个制造业环节，在 iPhone 的生产链条中也只能分到百分之几的价值。

一般的简单劳动更多的只能维持基本生活，而难以使人变得富有。历史上的富人，往往都是因为占据了创造财富的稀缺要素，才在价值分配中处于主导地位。

有人曾说，如果一个人不能在自己睡觉的时候赚钱，那他就永远富不起来。显然，如果仅仅靠从事一般的简单劳动维持生活，那么“致富”实际上是遥遥无期的。而在睡觉的时候赚钱，对很多软要素拥有者而言并非难事。

金霸王电池上的小电池检测器发明人在出售自己的发明时说：“我不想让你们给我一次性的报酬。我只希望你们每卖出一个电池检测器能给我抽出几分钱的佣金。”从那时候起，虽然他并不需要到场，钱却源源不断地流入他的账户，如今他已经收取了几百万美元，而这都要归功于那个电池检测器带来的小小佣金流，而电池检测器则是他创造性思维活动的结晶。

软价值分配的“能级谱”与“能力跃迁”

在软价值时代，软价值的收入分配不是由投入劳动的多少、投入时间的长短来决定的，更多的是取决于他在价值创造中的“能级”位置。

相比一位在麦当劳收银、炸薯条、做奶昔的普通员工，麦当劳创始人雷·克罗克从食品制作方法、经营方式、管理制度等方面均进行了更多的创造性投入，因此在财富分配中获得的收入自然就会更多。类似地，由于更多创造性思维活动的投入，美国苹果公司 iPhone 工程师的收入远远超过富士康公司装配 iPhone 硬件的工人。再如，一位拥有丰富客户资源、业绩突出的银行市场部职员，由于在开发客户认知群体过程中的极大贡献，收入往往能轻松超过普通银行职员甚至银行管理层。

根据量子理论中的电子能级理论，普通劳动者虽然同一个动作每天重复操作十多个小时，但创造性思维活动较少，对于软价值创造的贡献是有限的，是靠近生产一线“原子核”的低能级电子。创造性投入因子的参与者具备更高的能量，是远离生产一线“原子核”的高能级电子。

在软价值创造过程中，不同群体拥有创造性思维活动的能量不同，所处的“分配能级”自然也各不相同。“电子”所处的能级越高，创造软价值的能力越强，也就有越多的软价值流向这些人。

在软价值时代，随着资本的力量相对削弱，技术、管理、创新的话语权逐渐加强，那些掌握知识、技术、信息、文化等软资源、软要素的人，得到越来越多的报酬，这也是加纳通过掌握股票知识与股票经纪的技能后让幸福来敲门的重要原因。

软价值创造与分配的“能级谱”与量子理论中“电子跃迁”、“能级交错”类似，并不是一成不变的。本来是位于生产一线的简单劳动者，通过学习、积累或某种其他的方式，也可能发生“能力跃迁”，成为“高能级电子”，从而具备更高的软价值创造能力。

如果要实现从低能级向高能级的跳跃，低能级电子就必须吸收一定的能量，才能从“基态”跳跃至“激发态”，从而实现电子跃迁——加纳正是由于努力学习了股票市场知识，才成为一名股票经纪人，“跃迁”到更高“能级”区间，最终从贫困线上的小职员变成百万富翁。

斯蒂芬妮·梅耶的亿元版税

当很多普通人将自己的能力充分发挥出来时，会发生连自己都意想不到的“能力跃迁”。《暮光之城》的作者斯蒂芬妮·梅耶本是一位有三个孩子的全职主妇，缺少写作经验。据说，2003 年的某一天，她做了一个改变她命运的梦：一位少女和一个英俊迷人的男子坐在阳光明媚的草地上谈情说爱。这个梦最终成了她第一部小说《暮色》中的一个章节，也是她向更高价值能级跃迁的开始。

《暮色》出版后，梅耶又写了《新月》《月食》《破晓》，被称为“暮光之城”系列。国外畅销书的作者往往会采用授权方式收取版权费，按比例分成，根据业绩可以长期获得各种沉淀性收入报酬。美国比较注重知识产权的保护，像《暮光之城》之类的书籍作者通常会保留版权，根据书的销售业绩按比例分成。国外畅销书的作者报酬是非常高的，甚至超过经销商和出版商。像《暮光之城》系列一年的版税收入就达 4000 万美元（相当于约 2.76 亿元人民币）。

有时候，凭借远见和运气，某个人或某个公司可能仅仅因为注册了一个域名、一个商标便获得了一个向更高能级跃迁的机会。中国某公司因为抢注了 iPad 商标，而获得苹果公司 6000 万美元的赔偿。美国一家名为 Aboutface 的公司由于注册了 thefacebook. com，获得了 Facebook 20 万美元的域名购买费用。某位幸运的 IT（信息技术）人员则因为注册了 weibo. com 的域名，而获得了新浪 800 万元人民币的域名费。说到这里，还有一个关于域名的有意思的故事，提到 icbc. com 这个域名，可能多数人以为是工商银行官方域名，但它目前正被加拿大温哥华的一家汽车保险公司（全名为 Insurance Corporation of British Columbia）使用，据说工行曾欲花费数千万元收回域名，却仍无法达到持有者要求。

又如，知名教师、教授、咨询专家或知名律师，可能随时都会在正常工作之外受到演讲、授课、咨询顾问的邀请，从而获得知识报酬；技术专家在正常工作之外运用他所掌握的技术应邀提供服务，也可以获得额外的技术报酬；掌握、创造、传播商业信息的人，更有多种直接或间接的办法让所拥有的有价值的商业信息变成现金；更不用提那些作家、歌唱家、艺术家，随时随地都有人愿意为他们鼓掌并付费。

稿费、专利费、商标赎买费，这些收费者的著作、专利、商标等软要素一旦投入市场并得到认可，便可以一劳永逸地收取相关费用，就如同河床上沉淀的沙子一样，每天都有所增长，无论你是否在场，钱都会源源不断地流入你的腰包。

那些平台、俱乐部的拥有者也一样，只要有足够大的社会群体在这个平台或俱乐部活动、获得快乐或方便，他们的资源就会源源不断地被整合进来，平台和俱乐部的生存、收入都不成问题。

居里夫人的选择

在15世纪以前，世界上没有保护专利所有权的现代法案，更没有规范的现代知识产权制度，因此当时的科学研究、技术发明，要么是生活富裕的贵族消遣和爱好的产物，他们不在乎经济回报，追求的是能发表自己的研究结论，获得社会地位和自我满足；要么就是工匠在劳动中的改进和发明，他们只能通过保密来维护自己的利益，因此当时的科学和技术进步相对缓慢。

从15世纪以后，世界各国专利法规、知识产权等相关制度逐步完善。但是，有些软价值创造者仍然会选择将创造性成果公开发表，放弃直接参与生产的软价值分配权。

镭元素的发现者是居里夫人。她和丈夫皮埃尔·居里经过数年的辛苦劳动、多达几万次的提炼，处理了几十吨矿石残渣，终于得到0.1克的镭盐。镭不仅是科学上的重大发现，在医学上也有重要价值，居里夫人因此获得了诺贝尔奖。当时就有人建议她为镭的提炼方法申请专利，借此居里夫人将获得巨额财富。但是相信科学无国界的居里夫妇，认为“镭是一种元素，它应属于全世界”，因而拒绝申请专利，反而将镭的提炼方法无偿公布出来。

此外，美国科学家特斯拉发明了交流电，也没有申请专利，放弃了高昂的专利费，将交流电技术免费提供给世界；伦琴发现了现在医学上常用的X射线，并因此获得了诺贝尔奖，但他拒绝了申请专利和高价出售X光技术，而是将其免费提供给全人类。居里夫妇、特斯拉和伦琴的高风亮节无疑令人钦佩，他们收获的不仅是人们的景仰、在科学史上崇高的地位，还有自己心底的满足与平和。

此外，有些领域的创造性成果应用面太广、市场价值太大，如果不公开，将关系到人类社会的整体利益。例如，科学家发现的天体运行的定律、数学领域的哥德巴赫猜想、生物品种等，这类成果不被允许申请专利，其创造者只能选择公开发表。

当然，通过公开发表的方式，这些软价值创造者往往都能获得声誉、名望、地位等社会价值，然后再以其他路径逐步获得演讲费、专家费、社会公共职务酬劳及其他各种方式的软价值报酬。

最廉价的软价值兑现方式

人们都知道“爱迪生发明了电灯”。事实上，电灯并非爱迪生所发明，而是由英国物理学家约瑟夫·斯旺发明。斯旺申请了电灯的专利权，后来将专利权卖给了爱迪生，获得了一笔专利费。

近年来通过专利授权使用获利的最著名的例子，就是美国高通公司凭借 3G、4G 无线技术方面的绝对优势，向包括苹果公司在内的所有手机生产商收取高昂的技术使用费。据报道，苹果为每一部 iPhone 或 iPad 向高通公司支付约 40 美元的费用。而苹果每年向高通公司支付的专利使用费超过 80 亿美元，高达高通公司年收入的 1/3。

还有一部分公司由于自身发展规模、市场占比等原因，无法实现专利的商业化，因此往往会伺机寻找具有绝对垄断优势的市场主体的侵权行为，通过法律诉讼获得一笔可观的专利费。

2016 年，美国内华达州的 VirnetX 软件公司对苹果提起诉讼，因苹果公司的 FaceTime、iMessage 等产品中，未经授权使用其四项技术专利，获得了 3.02 亿美元费用。类似于 VirnetX 的公司往往被戏称为“专利流氓”，它们往往并不生产任何产品，只是凭借掌握的大量技术专利，尤其是像苹果、微软等行业巨头公司难以绕过的技术专利，来赢得专利诉讼案件，从而获取丰厚的收入。

总之，申请专利、注册商标、申请著作权、诉讼获得专利费等都是软价值的兑现路径。虽然与前面谈到的仅仅公开发表软价值成果的情况相比，所获得的收入会大大增加，但这仍然是最廉价的软价值兑现方式。

多元软价值兑现

一件成功的软产品，可以引发一系列若干种立体软产品，例如，《哈利·波特》的小说被改编成的系列电影、根据剧中人物和道具制作的玩具、服装等。

这些立体软产品的创造者，例如，电影的拍摄方、玩具、服装的设计制造者，扩大了软价值域，在此过程中，也有一部分价值流向了他们。

例如，华纳兄弟电影公司通过《哈利·波特》系列电影在全世界收获了70亿美元的票房，在美国华纳公司官网上，一根“哈利·波特”的“魔杖”木棍可以卖到近60美元。

另外，最初那个软价值创造者，也可以通过多领域授权的方式，持续分享软价值成果在不同领域兑现的商业价值，从而增加流向自己的软价值数量。

《哈利·波特》的作者J. K. 罗琳、《暮光之城》的作者斯蒂芬妮·梅耶之所以能成为世界文学圈中的富豪作家，不仅靠出售实体书获得的版税部分，在新兴的电子书领域，这些作家同样可以依靠发行量的成绩来获得收入。此外，他们的收入更多还来自影视剧改编、漫画、游戏等多个领域。

又如，美国拳头游戏（Riot Games）公司开发了风靡全球的竞技网游《英雄联盟》（LOL）。除了销售道具、装备、皮肤等电子物品外，该公司还在其官方商城售卖玩偶、海报、手机壳、服饰等系列商品，并定期举办竞技赛事，通过门票、广告、赞助等多种渠道获得收入。此外，2016 年年底，效仿英超、NBA 等传统体育赛事，Riot Games 公司向美国职棒大联盟（MLBAM）与迪士尼共同持股的 BAM Tech 公司高价出卖转播权，获得 3 亿美元资金。

为“想法”插上资本的翅膀，软价值升级版兑现

“鲨鱼缸”（Shark Tank）是美国 ABC 电视台的一档著名的创投类真人秀节目。参加节目的创业者其实就是在售卖一些新奇的、融合高新技术的、迎合市场需求的创意或设计，甚至仅仅一个想法，以此类软价值入股，吸引风险投资获得启动资金，就可以迅速将创意商业化，获取丰厚回报。比如，节目中的一款名为 platetopper 的食物保鲜盒就以其柔软、价廉、节省空间等不同于以往同类产品的独特创意设计受到投资人的青睐，创业者以 9 万美元售出 8%的股份，成功地将公司发展壮大，并将产品销往世界各地。

这就是软价值与资本相结合的兑现方式，这种实现方式的特点是，软价值本体创造出来后，经过向消费者传播，已经创造了第一波软价值；然后通过与资本结合，形成了一个新的软价值本体——金融软产品，再次向投资者进行传播，创造出第二波软价值，这时创造的软价值往往要比第一波软价值大得多。

例如，Facebook 的创始人扎克伯格最初就是在哈佛大学的寝室中创建了“脸书”平台，随之爆红而辍学创业。当时的扎克伯格没有任何启动资金，只是凭借“上传照片促进网络社交”的创造性想法，获得了 PayPal 创始人彼得·蒂尔（Peter Thiel）提供的约 50 万

美元的天使投资，随后又获得了美国投资公司 Accel Partners 的 1270 万美元的风险投资，最终形成了千亿美元市值的软价值巨头。

而今天已经成为中国互联网标杆的腾讯公司，也是依靠给“想法”插上资本的翅膀来兑现其软价值的。在腾讯公司创办之初，马化腾和他的伙伴只有 QICQ 这样一个小软件，对于如何盈利毫无头绪，在最困难的时候，马化腾甚至想把公司卖掉，出价从 300 万元、200 万元……一路向下，一直降到 60 万元时才有人肯接手。在将要签字成交的一瞬间，马化腾舍不得放弃自己的“亲儿子”，最终还是决定不卖了，自己干。后来腾讯公司得到了 IDG 和盈科资本的第一轮投资 220 万美元，以及 MIH（一家南非投资集团）的第二轮投资，终于实现了裂变式的发展，到今天已经成为市值超过 3000 亿美元的互联网巨头。

从 60 万元人民币到 3000 亿美元，这就是软价值通过与资本结合的升级版兑现方式的威力。

以创造性成果吸引风险投资、天使投资等资本支持，将软价值与资本结合实现商业化，也是软价值的重要分配路径，其中，软价值以估值、市值等形式流向软价值的创造者。

第二节　认知群体创造者的价值与回报

在软价值世界，由于需求并非刚性存在，而是由供给自身所创造，所以那些参与创造、扩大软价值认知群体的人也是软价值的创造者，并应当获得相应的财富分配。

认知群体创造者的价值

《五十度灰》（*Fifty Shades of Grey*）可以说是一本故事情节并不出彩的小说，但成为出版业的销售奇迹，后来又一度被拍成电影。这样一个不被严肃文学界认可的故事，在当时引发了全球关注。作者E. L. 詹姆丝（E. L. James）先将其发布在与《暮光之城》最初发表的同一家网站上，然而由于其内容的争议性，并没有像《暮光之城》那样大红大紫，反而受到主流读者的颇多谴责，詹姆丝甚至不堪舆论压力将小说撤出网站。最早联系詹姆丝的也是一家澳大利亚的小出版商，但结果销量平平。

直到远在纽约的兰登书屋旗下专门出版经典文学作品的Vintage找到詹姆丝，事情才有了转机。面对这样一本内容较为低俗、不受主流读者群体接受的小说，曾发掘过50位诺贝尔文学奖获得者的兰登书屋将其定位为一本“浪漫类小说”进行宣传推广，以此来获得更广泛女性读者的关注，目的在于接近主流读者，创造更大范围的读者群体。兰登书屋精确成功的推广传播使读者的好奇心被激发到一个前所未有的高度，甚至在全球掀起对本书的关注热潮。兰登书屋成功地在全球范围内重构了该书的认知群体，极大地推动了该书软价值的增长。

认知群体的创造能使创作者收入大幅增加。从这个角度出发，创造认知群体的人应该在软价值分配中获得丰厚的收入回报。

由于兰登书屋扩大了本书的认知群体，《五十度灰》在欧美图书界销售大获成功，2012 年上半年收入同比增长 20%，达 10.15 亿美元，经营利润同比增加 64%，达 1.21 亿美元。

兰登书屋与詹姆丝共同在一个原本并不受市场认可的“本体”上成功创造了庞大的认知群体。随着书籍的销量迅速增加，作者詹姆丝凭借《五十度灰》年版税收入高达 9500 万美元。之后又吸引了环球影业公司以 300 多万美元的价格与詹姆丝签下电影版权，电影的上映将之前书籍的认知群体进一步扩大，詹姆丝的收入再次暴涨。

如果没有兰登书屋，如果詹姆丝还在与那家澳洲小出版商合作，《五十度灰》就不会被主流群体所关注，更不会成为引发全球争议的作品。兰登书屋就不会获得丰厚汇报，作者詹姆丝更不会靠版税、电影版权费等收入成为亿万富婆。

又如，作为国内代理商，腾讯将美国竞技网游（LOL）引入中国。随着 LOL 的火爆，腾讯在国内发掘了大批的 LOL 玩家，提高了中国玩家对 LOL 的关注度，国内玩家除了会在线上付费购买游戏道具、装备外，也会购买游戏的一系列产品，甚至购票去现场观看竞技赛事。随着国内认知度的提高，LOL 的最初创造者 Riot Games 直接或间接在中国玩家中获得的收入也随之大幅上涨。作为软价值创造者之一，腾讯创造了 LOL 在中国的认知群体，与产品创造者一样获得了丰厚的收入。

有人认为，《五十度灰》的作者 E. L. 詹姆丝、《英雄联盟》的开发公司 Riot Games 创造了真正的软价值，他们应该获得比现在更多的收入。而出版社、游戏代理商没有参与创作，他们现在拿得太多了。而根据万博软价值方程，无论是书的作者，还是电脑游戏的开发公司，他们只参与软产品本体创作而未创造传播群体广度。例如，在兰登书屋接手《五十度灰》的发行之前，这本书只在小范围内流传；而腾讯没有代理《英雄联盟》在中国的推广之前，这款游戏在中国的玩家可以说几乎为零。只有当兰登书屋、腾讯公司这种强有力的传播发行机构介入之后，迅速做大了《五十度灰》在全球的读者群体，做大了《英雄联盟》在中国的玩家群体，形成了很大的传播群体广度，软价值才开始迅速放大，因而传播机构应获得较多的价值分配。

构建认知群体的间接报酬

自 2003 年创立起，阿里巴巴旗下的淘宝网一直向线上买卖双方提供免费电商平台，长期以来构建了规模庞大的用户群体，2015 年仅手机淘宝用户数量就达 3.7 亿。但是，淘宝并没有直接向用户收费获取报酬，而是凭借大量数据反映用户消费习惯，精准对接多种产品、服务，如广告、预测分析服务、电子金融等。根据阿里巴巴 2016 财年第四季度财报，2016 财年收入达到 1011 亿元人民币，平台成交额达到 3.092 万亿元人民币。根据东方财富日前公布的上市公司市值数据，2016 年阿里巴巴的市值高达 15200 亿元[①]。

当然，英国《经济学人》曾刊文表示，用户消费习惯的数据是阿里巴巴的一项庞大资产。阿里巴巴以庞大用户群体能获得的间接报酬远不止这些。

很多像阿里巴巴这样的互联网平台通过提供免费服务创造了大批流量客户群体。但它们并没有直接向客户收费来获得收入，而是利用用户数据对接广告、分析预测服务等多种产品来获得一定收入。

认知群体的创造者可能并不通过版税分成、销售产品、向用户提供收费服务等方式直接获得软价值分配，而是通过向用户以外的群体收费，以弯曲路径兑现软价值，也能获得相应的间接报酬，而这种间接报酬往往会超过直接报酬。

① 来源于 http://tech.163.com/17/0102/15/C9PKCGIM00097U7R.html。

第三节　提高软价值乘数的回报

在日常生活中，你是否曾经因为某个自己喜欢的明星使用或代言某种商品而去购买“明星同款”？你是否曾经听完某位老板演讲的励志故事而去关注甚至购买他公司的产品或服务？你是否因为某些名人间激烈的“口水战”而去关注一部其参与创作的影视作品？事实上，这些活动都是软价值乘数所创造的。

5000 万美元的代言费

谈到百事可乐的代言明星，相信很多人都会联想到不同时代的当红艺人：从麦当娜到“小甜甜”布兰妮，从罗纳尔多到贝克汉姆。百事可乐已经不是在单纯地出售可乐这种商品，而是给可乐附加了更多的软价值。百事可乐在不同时代选择不同的当红年轻明星代言，其实是在利用明星巨大的影响力提高产品的消费心理感受，从主观心理上提升消费者的购买欲望，让消费者获得产品物理功能之外的心理满足感。

由此可见，通过自身对公众的巨大影响力，明星代言这种形式可以直接提升产品的软价值乘数，据有关数据显示，名人的公众影响力至少能刺激消费者提升 1.5 倍的购买欲望。由于软价值乘数在软价值创造中发挥着指数级的作用，因此代言明星往往能在其创造的增量软价值中获得高额的回报。例如，美国歌手碧昂斯代言百事可乐曾获得 5000 万美元的天价代言费。

在金融业，投行经济学家经常在媒体上公开发表经济形势预测与分析，这对于提高其所在机构产品的认知度往往有非常重要的作用。而这位投行经济学家就是通过间接的方式创造了自身软价值的乘数作用，推动软价值迅速发酵膨胀，最终使自己身价倍增。

又如，新东方创办者俞敏洪经常到各大学进行个人经历的励志演讲，形成了“俞敏洪励志演讲集”。俞敏洪演讲的励志故事既间接提高了新东方的知名度，又以励志内容激励、感动了很多演讲受众，从而使新东方承载的教育软价值呈指数级迅速增长，也使更多人愿意带着俞敏洪的励志故事到新东方学习。

软价值乘数的不稳定性与报酬确定

软价值的乘数作用是不稳定的，也是难以准确测量的，可能阶段性对软价值创造发挥巨大的推动作用，使软价值呈现指数级增长；也可能只发挥较小的积极作用，使软价值小幅增加；还可能迅速变小产生不利影响，导致软价值快速减少甚至消失。不稳定的软价值乘数作用导致软价值乘数创造者获得的报酬也很难确定。

比如，同样是明星恋爱绯闻，可能创造完全相反的软价值乘数作用。韩国经纪公司 SM 旗下当红艺人曾爆出恋爱绯闻，其公司市值当天蒸发近 7000 万元人民币。而第二天，又爆出 SM 公司内部另一当红艺人的恋爱绯闻，公司市值又上涨 7000 万元人民币，恢复到原水平。

软价值乘数创造者收入的多寡，与受众群体对乘数作用认可有直接关系。软价值乘数作用的影响也往往是非连续的、跳跃式的。

比如，明星人气变化往往会导致其对公众影响力产生变化，由此造成代言合作商的增减及代言收入的涨跌。百事公司曾以700万美元签约“小甜甜”布兰妮为其代言。但之后的两年内，由于布兰妮没有任何新作品面世，名气迅速下滑，百事公司随即终止与其合作，转而以5000万美元签约当红明星碧昂斯。

又如，“疯狂英语”创办者李阳最初凭借勤奋、励志的个人形象，创造了巨大的软价值乘数作用，“疯狂英语”一时成为众多英语学习者的追捧对象，曾一度准备融资上市，而李阳也收入颇丰。然而，当“家暴”新闻爆出后，李阳的形象受到了极大的影响，软价值乘数瞬间由扩张作用转为收缩效应，“疯狂英语”的经营随之受到极大的负面影响。可见，由认知群体心理感受所决定的软价值乘数可以使乘数创造者收入骤增，也可能使其收入一落千丈。

总之，软价值乘数作用是不稳定的、难以测量的，流向其创造者的软价值收入也就随之具有很多不确定性。

第四节　同向放大：软价值创造者之间的收入分配关系

“哈利·波特”：2000 亿美元的产业链

《哈利·波特》系列小说和电影可以说是有史以来最成功的 IP（知识产权）之一，创造了巨大的软价值。J. K. 罗琳、Bloombury 出版社、时代华纳制片公司、玩具公司、游戏公司等组成了软价值创造群体，这个群体兑现的成果也令人惊叹。

根据 2015 年的数据显示，J. K. 罗琳的版税收入已经超过 5 亿美元，《哈利·波特》系列电影的票房收入达到 76 亿美元，蓝光碟、DVD 的贩售和租赁的收入达到 39 亿美元；可口可乐以 1.5 亿美元买断了电影的全球独家联合营销权；全球最大的三家玩具制造商美泰、乐高和孩之宝，分别以数千万美元的价格购买到“哈利·波特”系列玩具与文具的特许经营权，市场上出现了巫师服、飞天扫帚、魔杖等 500 多种系列产品。电子艺界公司开发的“哈利·波特”在全球卖出了 4200 万套正版游戏，收益达到了 15 亿美元。这还不包括“哈利·波特”主题公园、舞台剧和其他衍生产品创造的收入。有报道称，“哈利·波特”早已成为一个横跨多个领域的巨型产业链，带动经济规模达 2000 亿美元，在这条产业链中，衍生产品的收益就占到总量的约70%。①

可以看到，在这个软价值创造群体中，流向每个成员的软价值量，是互相推动、同向放大的。

软产品创造者的基础作用

在量子世界，如果连微观粒子的本体都不存在，就不可能有所谓波性的发挥，更不可能形成“波粒叠加”的量子化状态。在软价值世界，软产品也是所有软价值的基础。

如果J. K. 罗琳没有创作完成《哈利·波特》系列小说，将其改编拍成电影的美国华纳兄弟电影公司就不可能获得总票房收入76亿美元的成绩，其他的各种衍生品也就成了无源之水、无本之木。

只有软产品创造者在有效投入因子上的成功，才能为后续传播群体广度和软价值乘数的创造奠定良好的基础。因此软产品创造者的收入应当得到充分的保证。在软价值占比较高的国家，知识产权的保护体系也相对完善，像J. K. 罗琳和《五十度灰》的作者E. L. 詹姆丝，即使通过版税也可以获得丰厚的收入，如果加上向衍生品开发者授权，获得的收入就更多了。

流向各方参与者的价值量同向放大

1997年6月，《哈利·波特与魔法石》出版，很快便掀起了“哈利·波特”的热潮，该小说荣获了英国国家图书奖儿童小说奖和斯马蒂图书金奖奖章，这无疑也增大了作品的软价值乘数。

---

① 参考《曾创下多个历史纪录的〈哈利·波特〉还要继续赚大钱》，http：//www.jiemian.com/article/385532.html 和《〈哈利·波特〉创造2000亿美元巨型产业链》，http：//ent.163.com/special/hp7part2ch3/。

该图书出版后，英国独立电影人大卫·海曼就立刻推荐给了时代华纳，最终与罗琳签订了电影改编版权。时代华纳对《哈利·波特》系列电影的改编无疑是非常成功的，《哈利·波特》系列电影带来的丰厚收入也是华纳兄弟理所应得的。

很多人在看完电影后还觉得不过瘾，又买来原著阅读，进一步扩大了小说的销量，增加了 J. K. 罗琳和出版社的收入，同时也扩大了读者群体。

而读过原著的读者，又可以通过玩“哈利·波特”电子游戏身临其境地体验霍格沃兹的魔法世界，过一把自己当哈利·波特的瘾。

读者和观影者对《哈利·波特》系列小说和电影的痴迷达到了惊人的程度，他们组成了各种各样的俱乐部、团体和组织，研究其中的时间线、人物关系和魔法体系，甚至组织自己的“魁地奇”[①]比赛！他们是各种“哈利·波特”衍生产品的主要购买者，当他们穿着“哈利·波特”的服装，拿着道具，组织各种各样的活动时，也是在提升“哈利·波特”的软价值乘数。

软价值创造过程中，在认知群体的创造者与乘数创造者对自身收入产生影响的同时，也一定会影响有效投入者的收入，使其产生同向变化。只要创造认知群体与乘数作用群体的收入增加，必然会或多或少地增加软产品创造者的收入。从出版社到影视公司，再到电影明星，任何一个“哈利·波特”的软价值在创造环节发挥作用，其他各参与方的收入都会呈多路径立体化变化。

当然，《哈利·波特》系列小说是成功之作，时代华纳的电影、

① 魁地奇（Quidditch）是《哈利·波特》魔法世界中由巫师骑着飞天扫帚参加的球类比赛。

电子艺界的游戏开发也相当成功，由此才形成了一个完整的“哈利·波特”软价值域。也有一些成功的文学作品，在改编成影视作品或者游戏时并不成功，这时软价值创造群体各参与方之间就难以形成“同向放大”的软价值创造推动关系，甚至可能因为某个环节的失败而影响其他环节的软价值兑现。

第六章　软产业的无限潜力

第一节　文化娱乐软产业的四部曲

从大脑深层爆发的共鸣

很多人对于文化娱乐产品的定价感到不可思议，如一枚小小的错版邮票，居然可以由几十元升值到几万元；一个圆明园的青铜器居然可以拍卖上亿元；一个知名歌星或球星的广告代言费居然可以达到数千万元……这些不理解文化娱乐软价值的人通常只盯着产品或服务本身的功能企图定义它的成本，而没有进入“文化娱乐圈”或相关社会群体，无法感知它们带给这些群体的巨大心理效用。

当接受者在文化娱乐产品中看到自己所熟悉、喜爱和感动的元素时，他们的大脑就会被引发一致的神经元同步放电过程。任何文化娱乐软价值中有效投入因子的大小都不仅取决于创作当时的投入，而且取决于创作者本身的天分、前期若干年的训练、瞬间的灵感，以及创作时的特定信息刺激和情感投入。

比如，迪士尼的经典动画影片《狮子王》深受大人和小孩的喜爱。影片中生动有趣的卡通造型俘获了小孩子的心，《狮子王》被篡位的情节安排，很有冲击性；强势地突出坏蛋角色“刀疤”，能引发观众情绪；突出出色的英雄，使观众希望它成功；小辛巴与观众一起成长，使观众投入感情，代入感更强。不仅如此，《狮子王》中的家庭元素能投射到现实生活中，情节更是混合了正剧、喜剧、动作戏、音乐剧、爱情元素等，对于合家欢电影，各类元素的混合程度、各种角色的结合程度都可以达到极高。[①] 像《狮子王》一样，赋予了人类普遍情感，如爱情、友谊、亲情、威胁、危险等的作品，能够被我们的大脑皮层网络更容易地识别出来，往往能够成为赢得票房的成功之作。

再如，电子游戏、网络游戏、手机游戏等几乎把各个年龄层、各阶层的人一网打尽——它们不仅强烈地吸引着孩子，很多成年人也开始在电子网络游戏上花费越来越多的时间。在游戏世界里，人们的幻想、天真、单纯、贪婪、懒惰、荣耀、义气、虚荣、追求成功等各种心理需求都可以得到满足。当然，为了这些心理满足，网络游戏的玩家也付出了不菲的费用。为了让网络玩家心甘情愿地花钱，花更多的钱，游戏设计者创造了各种消费方式。其实，人们消费的本质并不是游戏，也不是游戏道具，而是愿意为游戏带来的某种心理感受付费。

文化娱乐软价值：提升单价还是扩大群体

文化娱乐软产品在本体创造完成之后，真正的软价值创造才刚开始。为什么全球巨星录制的唱片，其定价和普通演唱者录制的唱片价值相差无几呢？因为提升软价值的方式除了提升单价，还有扩大认知群体。在万博软价值方程中，一个软产品的发布和推介非常重要，在量子级别产生大规模共振，扩大认知群体广度，传播范围

---

① 参考《全球最吸金动画电影的秘密合家欢、全年龄为终极奥义》，时光网，http://news.mtime.com/2015/12/21/1550501.html。

越广，其软价值就越大。

对于那些可以复制和共享的影视、音像制品，最关键的不是提高单价，而是扩大粉丝群体，通过提高销量实现其软价值。显然，虽然邻家张三也可以投资一部电影，但是其票房可能是零；而好莱坞巨星的影视作品，也不过几十块钱一张票，却可以在全球上演。

在自媒体高度发达的今天，软产品的创造者可以不再依赖第三方平台，而是通过推特、优酷、微信、微博等自媒体渠道进行推介。自媒体互动能力强的演员、作者和艺术家，在软价值创造方面可以取得超过一个团队的成绩。例如，美国著名流行音乐艺人嘎嘎小姐（Lady Gaga）就非常懂得利用脸书、推特和优酷为自己树立口碑，加强和粉丝（被 Lady Gaga 昵称为“小怪兽”）的密切互动。她似乎在这方面有超乎寻常的天赋，一度成为脸书上最受欢迎的公众人物，同时也是推特粉丝群体最大的人物之一。

亚马逊还发现了扩大群体的新技术手段，就是通过一种名为“协同过滤分析”的技术对顾客以往的消费记录进行分析，从而实现让计算机系统为读者推荐书籍。最终的结果证明，这个大数据技术所带来的业绩增长是人工书评团队的 100 倍，最终亚马逊决定用数据分析代替人工书评团队。①

有些作品突破了我们日常情感或者消费模式，同样可以扩大认知群体，提升软价值。例如，美籍俄国作曲家伊戈尔·斯特拉文斯基的探索性音乐作品《春之祭》第一次在巴黎演奏时，引起了观众的强烈抵制，最后甚至需要招来警官以维护剧院的秩序。但是在世

① ［英］维克托·迈尔-舍恩伯格，等. 大数据时代：生活工作与思维的大变革［M］. 杭州：浙江人民出版社，2013：92.

界各地多次上演之后，《春之祭》已经成为音乐经典，听众为它的独特之美而陶醉。当迪士尼将这首曲子作为动画片《幻想曲 1940》（*Fantasia 1940*）的配乐之一时，意味着人们已经完全接受它了。

不仅如此，突破消费模式也能够提高消费概率，提升软价值。史玉柱曾这样描述："比如我要在一把刀上面镶一个宝石。在我们设计中，这把刀是最极品的刀，需要花 1000 块钱。但是如果说你买一个 1000 块钱的宝石镶上去，大家就不买了。我们后来设计的方式是，让他 10 块钱买 1 颗宝石，往上镶，成功概率是 1%。其实最后也是 1000 块钱。但是这样他就容易接受，消费面就会更宽。"①

"互动"提升软价值乘数

在以报纸为主要舆论平台的时代，书评家、乐评家、剧评家的作用尤为重要，新的文化娱乐软产品发布后，往往邀请他们先读、先听、先看，然后在报纸上发表自己的评价。

通过媒体、网络等多种形式的互动，引导群体性认知，提高其对某一个文化娱乐产品的认知度，使得同一件文化娱乐产品的价值成倍、成百倍地提升，不是欺骗，而是实实在在的软价值创造——因为它的确能够为销售这个产品的群体带来数倍于之前的文化和娱乐效用。

进入互联网时代以后，亚马逊作为最大的网上书店，也相信书评的作用。它聘请了一个由 20 多名书评家和编辑组成的团队，专门写书评、推荐新书，挑选非常有特色的新书标题放在亚马逊首页上，结果证明这个团队的工作是富有成效的，他们创立的"亚马逊的声

① 滕泰. 软财富[M]. 北京：北京时代华文书局，2014：174.

音”板块被视为公司竞争优势的重要来源，这个团队也被《华尔街时报》称为全美最具影响力的书评家，因为他们的确使书籍的销量猛增。

类似地，一个画家既可以通过频繁参展和举办个人画展，提高画家和画作的知名度；也可以通过公益活动，引起艺术爱好群体对画作的关注……此时，画作的价值已经不再局限于笔墨纸砚的成本价值，也不局限于艺术家投入的劳动和创作的灵感，而是被一个特定群体认可的软价值。

为什么名人宁可闲着也不参加打折的演出

明星的广告代言费动辄几百万甚至上千万，为什么他们不多多代言呢？既然明星的演奏、演唱的出场费价值数十万，为什么他们宁可参加免费的义演，也不多参加一些打折的演出呢？

同样属于文化娱乐产品，那些只能用来独享、独自占有的文物、收藏品、书画作品，与那些能够广泛复制和传播的文学作品、音乐作品依靠提升认知群体广度的价值实现方式是截然不同的。只能独享、独占，或只能现场观摩的文化娱乐产品，往往定价较高，更注重软价值乘数的提升。比如，名画、雕塑、收藏品、文物，很少有通过观摩、卖门票收钱的，通常买卖和转让才是它的主要价值实现方式。为了提高上述文化娱乐产品的交易价值，转让者通常会精心包装，附带尽可能多的故事和背景介绍，请权威或名家点评，邀请最高端的文化圈人士参与，并拿到最高端奢华的拍卖会上竞价。

明星的出场价格的确不菲，但是不能经常走穴、随意打折而降低了在“粉丝”心中的档次，这是一个认知群体广度上升和软价值乘数下降的两难选择。显然，为了提升社会形象，更多文化娱乐明星参与免费的公益事业，无偿演出，但这同打折出场是两码事；更有很多二线的文化娱乐明星经常处于无人邀请的状态——这些人如果足够聪明，即便在家闲着无聊，也不能参加打折的表演，否则整个文化娱乐圈对他的群体性认知很快就会发生变化，一旦形成身价贬值趋势将很难逆转。所以，对这些明星而言，要么出于友情或公益的需要，免费出场；要么出于社会宣传、扩大品牌知名度的需要，低价出场；而一旦有纯商业需求，出场费一般会维持高水平。

同样地，一幅画的价值往往也取决于该画家作品的多寡，在艺术品拍卖中，画家去世后的作品价值往往会高于其生前，显然作品数量当期稀缺性和未来稀缺性也会影响该作品的定价。为了提升作品的价格，有些画家会人为地控制画作流入市场的数量，通过制造稀缺性来提升软价值乘数；有些画家则会反其道而行之，在形成足够的社会影响力之前，不断扩大创作，甚至以赠送的方式扩大认知群体，而一旦获得一定的社会认知度，再迅速控制作品数量，提升稀缺性。

文化娱乐软价值的四部曲

情感共鸣、群体扩大、互动发酵、稀缺有度是文化娱乐软价值的四部曲。前期若干年的训练、瞬间的灵感以及创作当时的特定信息刺激和情感投入是文化娱乐软价值的基础，它们都会以有效投入的形式参与到软价值创造中。如果没有前期的有效投入，后期的认知群体、情感共鸣也就无从谈起。就像没有了电影，哪里会有坐在电影院的观众，哪里会有网络影评，哪里会有令人久久难以忘怀的情节和角色。

有效投入因子只是文化娱乐软价值的第一步，形成特定的参与群体是其软价值创造的第二步。软价值的创造离不开受众群体，没有人欣赏的雕塑，其软价值也无从谈起：没有受众的广告传播，如同在空无一人的山谷里呐喊，只能听到自己的回音。只有通过特定的参与群体，前期有效投入的软价值才能被挖掘出来，参与群体广度越大，软价值越大，进而形成更多的经济效益。

“互动”宣传效果和主导者效应是软价值提升的催化剂。一部电影在上映之前，通常举办多场粉丝见面会和大家交流电影拍摄过程中的趣事和感受。一个歌手在新专辑发行之前，也会参加一些娱乐节目，介绍自己的歌曲和创作初衷，这种互动交流往往会激发起人们观看电影或者购买专辑的冲动，提升产品的软价值。不仅如此，文化娱乐产品也离不开群体性认知主导者的“意见领袖”作用。人们习惯于在买书之前看看权威人士的书评，看电影之前看看专业网站给予的影评得分，得分越高的电影，往往越容易引起人们的观看兴趣，进而增加票房收入。

最后，适当控制稀缺程度可以保持软价值的可持续性。物以稀为贵，适当控制稀缺性有利于将商品的价格维持在一个相对保值的水平，这也是很多商家都会推出限量版的原因。同时，当软价值乘数与认知群体广度之间存在替代关系时，把握好适当的比例，不以过多降低软价值乘数为代价而谋求认知群体的一时扩大。这就是有的高端女演员给自己定位为“青衣”，粉丝群体不如“小花”庞大，影视作品不走流量，但出场费一直居高不下的原因。

第二节　知识软产业的五大领域

知识软产业已经演化出教育培训经济、科研经济、咨询经济、智库经济、会议与论坛经济等各种形态。

教育培训经济——越来越普通的精神消费

如果说知识犹如蜿蜒无尽、有无数分支的河流，那么教育与培训产业就是这优美的知识河流向各个方向延伸的堤坝，一面引导它灌溉一代又一代的人，一面让它在流动中不断扩容。

软价值时代，已经公共化的基础教育和已经普通化的高等教育，几乎使每个人都有能力以消费的心态去选择是否享受这些教育，而不再把教育当成改变身份的工具。

教育作为一种新的精神消费品和投资品，在传统基础教育和高等教育之外，逐渐衍生出庞大的市场。如各种艺术教育、体育技能教育、语言培训、法律培训、职业技能培训等，每一个教育培训产业都在迅速膨胀，催生出无数个教育培训产业富豪。

教育和培训产业的生产方式也发生了深刻的变化。在西方，基础教育从传统的大班授课方式，逐渐变为更受欢迎的小班授课方式；一对一的个性化教育在专业领域变得更加流行；从 20 世纪 90 年代中国曾经流行的“函授”，到教育软件的销售，再到网络授课，日新月异的教育培训方式正从不同的角度丰富着人们的精神生活。

当然，真正具有生命力的还是依靠市场力量崛起的培训机构，其中典型代表如中国的新东方教育科技集团，在短短的几年时间里分支机构遍及全国，并于 2006 年成功登陆美国纽约证券交易所上市。

分析新东方等成功的教育培训机构的经验，首先在于其准确把握了软价值时代人们对知识和技能越来越丰富的需求，同时根据万博软价值定律，这些成功者也在有效投入、提升群体性认知广度和群体性认知弹性等方面有独特之处。

任何一种知识或技能软财富的培训，通常都有很长时间的投入期——无论是培训课程、素材的创造、师资力量的积累，还是独特教育培训方式的形成，抑或是品牌的打造、市场的独占，都需要独特的软资源推动起步，以及持续地创造和长期地经营。而一旦得到市场认可之后，所有前期的投入都可以成为沉淀的品牌、技术或平台优势，自然构筑成后来者进入的壁垒，独享丰厚利润。

一个长期在某一领域屹立不倒的教育培训品牌，通常拥有独特的运营模式和文化价值观，使其他后进者无法复制。比如，新东方企业文化中"从绝望中寻找希望，人生终将辉煌"坚持不懈的精神，既渗透于企业管理者自身，也是对消费者在精神层面的服务。又如，中欧商学院的国际化教学文化、长江商学院的务实与高端定位，都对学习者产生了很强的吸引力。找准自己独特的运营模式、市场定位和文化价值观，是教育培训类企业提高群体性认知的主要路径。

科研经济的更高估值

在硬价值时代，科研成果需要通过转化为硬产品销售，才能间接体现其在财富创造中的贡献。而在软价值时代，任何个人、企业或研究机构的科研成果都可以通过市场机制转化为软财富——科研不再仅仅是个人的兴趣爱好，也不再是间接体现价值的企业非生产活动，更不再是依靠国家财政资金养活的事业单位，而是软产业的新形态。在生物医药、计算机技术、互联网等各领域，无论是人们都熟悉的微软、苹果、脸书、谷歌，还是美国硅谷的其他品牌，大部分都是由科研工作者直接创办并拥有——硅谷的软价值形态，也是整个世界科研软价值的缩影。

【案例】硅谷：未来科研软价值的缩影

硅谷是旧金山南端从帕洛阿尔托到首府圣何塞一段长约 25 英里的谷地。百年以来，这里一直是一片片的果园。因此，虽然毗邻斯坦福、加州理工学院等知名学府，但大量的本地名校毕业生往往选择到东海岸去就业。为了帮助毕业生就业，斯坦福大学教授弗雷德·特曼（Frederick Terman）在学校里选择了一块很大的空地用于不动产的发展，并设立了一些方案来鼓励学生在当地发展他们的创业投资事业。在特曼的指导下，他的两个学生在一间车库里凭着 538 美元建立了惠普公司。在 1951 年，特曼又有了一个更大的设想——在大学附近成立斯坦福研究园区，园区里一些较小的工业建筑以低租金租给一些小的科技公司。最开始的几年里，只有几家公司安家于此，后来公司越来越多，科研经济主导的新兴企业纷纷兴起。几十年后，这里不仅成为一座繁华的市镇，而且在短短的十几年之内，缔造了一个又一个科技帝国财富的传奇故事。

显然，硅谷并没有蕴藏大量的矿产资源，交通状况也不够发达，从硬财富创造的角度来看这里并不具备任何优势，但是如果从科研经济和软财富角度来看，情况就大不一样了。软财富的源泉是人类的思维和情感，硅谷周边优秀的顶级高等学校不断输出科研型人才，是科研型软企业聚集的最优资源。①

对于大部分科研型软企业而言，其产品研发、设计和后端的销售往往占整个产品附加值的90%左右，而硬件制造往往只占其价值的10%左右。正是在这样的背景下，很多软财富巨头往往只保留企业的科研主体，而把具体的硬件制造和销售部分外包给其他企业。

此外，越来越多传统的政府科研机构、企业科研机构，或者科研工作者个人，都开始以科研项目委托、课题委托、软件程序外包等多种方式，直接销售自身的科研活动。随着科研活动定价越来越市场化，无论是科研工作者本身、科研活动的工作时间，还是科研活动的过程性成果及产品性成果，都可以有更成熟的定价体系和交易市场。

在美国硅谷和中国北京中关村，人们早已习惯为各种各样的软价值创造活动支付报酬。在纳斯达克和中国的创业板市场，投资者也越来越习惯类似于“电科院”这样的名字成为上市公司，并习惯性地给冠名“科研”的软企业以更高的估值。

科研软价值的创造有很大的不确定性。我们发现许多企业即使投入很多的资源，也难以形成真正的有效投入因子。例如，在制药行业，开发一个新药的平均成本大约为26亿美元。这并不是说投入26亿美元就一定能够产生一种新药，而是说在不可避免地存在大量无效投入的情况下的平均结果。尽管如此，对科研软产业进行持续

① 滕泰. 软财富[M]. 北京：北京时代华文书局，2014：105.

不断的高强度投入仍然是创造科研软价值的必经之路。仍以制药行业为例，2013 年，全球前十强药企的研发投入占销售额的比例达到 17.8%，高达 603.9 亿美元。

同时，科研软价值的创造必须最大限度地瞄准受众群体，以扩大传播群体广度。例如，在制药行业，那些年销售额超过 10 亿美元的药物被称为“重磅炸弹”药物，而大多数“重磅炸弹”药物至少都有一个共同点：被广泛用于治疗常见病，像高血压、高胆固醇、疼痛、溃疡、过敏和抑郁症。潜在患者人群越大，药物成为“重磅炸弹”的可能性就越大。①

咨询经济——不守恒的创新价值

同样是知识软财富，科研经济的成果更多地体现在自然科学研究领域，而咨询经济则更侧重于社会领域。

咨询机构通常通过聚集某个领域中富有丰富经验和理论水平的专家人才，通过规范的研究分析模式，为企业提供公共关系、战略制定、管理流程、市场调查、营销策略、财务管理、人力资源、激励机制、品牌形象、行业发展趋势、法律事务、资本市场价值等方面的专业咨询服务，或为政府部门提供国际关系、发展规划、财政融资计划、招标采购、各种专业政策制定、舆情调查等方面的专业咨询服务，甚至为家庭提供理财咨询服务、教育资讯服务、心理咨询服务，等等。

在这种以专业研究咨询为基本产品模式的经济活动中，咨询公

① ［美］李杰.“重磅炸弹”药物：医药工业兴衰录［M］. 上海：华东理工大学出版社，2016.

司本身一般不参与生产环节，而是经过大量调研考察、研究分析，综合运用各种最先进的社会理念，以"外脑"的特殊身份，帮助家庭、企业或政府部门发现凭借自身力量无法发现并独立解决的问题，协助企业或政府部门做出判断，实施正确决策，实现更优化的资源配置。

在软价值的创造与销售过程中，当企业越来越脱离传统的企业组织结构和运营模式，当市场越来越变幻莫测，当人们的精神文化需求越来越丰富多样的时候，无论是家庭还是企业或政府部门，都越来越多地依赖于"外脑"才能看清并解决自身问题——而"外脑"为了解决这些问题所投入的资源并不是石油矿物等自然资源，也不是工厂机床等机器设备，而是掌握专业知识和专业分析方法的人，以及其差异化、创造性的思维活动。

除了特定的人才队伍，专业的咨询机构通常有其特定领域的专业数据库、独立的第三方地位、特定的访谈调查程序、规范的分析研究方法，以及形成决策建议的能力。相对于教育培训经济的较多重复性劳动、可批量生产的特点，咨询经济每一次"生产"过程除了重复必要的流程之外，必须根据特定对象有所创新，而且每一个产品通常只对特定咨询对象才有效。

正因如此，咨询经济需要的人才通常必须是具有创新性、能够把握抽象运行规律的人。在咨询机构每一个独立的领域，都需要真正有创意的氛围和创造力的团队。创造力是知识软产业的灵魂。一个没有灵魂的咨询团队，是不可能顺利完成咨询工作的。

咨询机构在几乎不消耗任何自然资源的情况下，不断创造更大的软价值，的确是一件令人着迷的工作。那么，咨询机构究竟如何将沉淀知识和固定流程创造性地应用到不同的案例中为客户创造价值，如何积累与众不同的创造力和方案解决能力呢？以咨询公司中的佼佼者麦肯锡为例进行分析或许可以得到一些启示。

【案例】麦肯锡咨询公司①

麦肯锡咨询公司于1926年由芝加哥大学杰姆斯·麦肯锡教授创立，到20世纪30年代，麦肯锡已逐渐把自己的企业形象塑造成一个“精英荟萃”的“企业医生”，一个致力于解决企业重大管理问题的公司，聚集最优秀的年轻人，以最高的专业水准和最卓越的技术，为客户提供一流的管理咨询服务。

作为一个创意性产业，麦肯锡公司把知识的学习和积累作为获得和保持竞争优势的关键，在公司内营造一种平等竞争、激发智慧的环境。每一个麦肯锡员工都清楚地知道，知识的学习过程必须是持续不断的，而不是与特定咨询项目相联系的、暂时性的工作。不仅如此，学习过程作为一种制度被固定下来以后，在麦肯锡逐渐深入人心，成为一种优良传统。

麦肯锡还通过各种方式把每一份值得分享的工作经验和新思想总结起来，通过内部传播交流。这种便捷共享的方式极大地降低了知识技能传播的成本，使得企业创造软财富的能力成倍增加。

在接受较多例行程序性咨询业务的同时，麦肯锡的专业咨询人员非常注重从每个新增客户身上学到更多的新经验和新技能，并注重用那些有一定难度的咨询任务来提升公司的水平和实力。为了满足客户在解决实际问题的过程中对特定领域的专业需求，麦肯锡公

① 滕泰．软财富[M]．北京：北京时代华文书局，2014：107.

司还十分注重吸引特定行业背景知识的专才型专家，让他们和传统的通才型咨询专家一起，组成公司的“T”形人才结构。

注重知识的学习和积累，作为获得和保持竞争优势的关键，这是咨询软产业扩大有效投入的核心要素。通过高层次人才的内部知识积累和共享机制方面的持续投入，麦肯锡成功地提升了软价值决定因素中的有效投入因子，使得其咨询成果具备一般咨询机构所不可比拟的软价值含量。

与麦肯锡咨询公司一样，其他会计师事务所、律师事务所、证券咨询机构、市场调查公司等，其软价值的源泉都是差异性和创造性的人类思维活动。这些咨询机构的主要成本费用结构与硬财富生产企业明显不同：由于缺少产品加工制造环节，咨询企业的成本主要集中在咨询顾问的工资等软性成本上，这从当前业界咨询顾问的高收入水平就可见一斑，而材料费等其他运营成本占比相对较低。

同时，对于麦肯锡这样的咨询服务公司，以及投资银行的行业分析师，或会计师、律师，它们的创意性知识软产品，其针对性和创意特征决定了群体性认知弹性——软价值乘数的大小。知识软产品的针对性越强，创意含量越高，对客户的吸引力就越大，软价值乘数就越高。

咨询软价值在于咨询方案本身的针对性，比如，某项经营方案使企业经营状况扭转颓势，但是对于另外一个企业可能一文不值。咨询方案本身的价值通常需要方案的设计者深入讲解、与客户充分沟通、反复互动，并转化为企业具体行动之后，才能真正地产生价值。相反，生搬硬套不但不会对企业经营产生任何推动作用，还有可能导致价值为负。

某些以报告为载体的咨询成果，其价值亦不在于报告本身，而在于报告的沟通与影响范围。通常，品牌投行分析师的价值在于其对大批优秀基金经理的影响力和对股价的影响力，而不完全在于其研究报告本身。会计师的分析报告通常是指对特定的企业有效，心理咨询师的咨询内容通常是指对特定的病人有意义，律师的辩护也几乎难以复制和抄袭。

因此，咨询类企业在创造知识类软产品时，将针对性与创意放在首位，不仅能够提高其软价值含量，也使得一般形式上的窃密和剽窃无损其软价值——强针对性和创意含量软产品的流失、泄密和传播，虽然对咨询机构有一定的负面影响，但得到这些报告的人并不一定能够享受到其中的价值。被泄密者所失去的并不等于偷得这些文件的人所得到的——咨询软财富的价值是不守恒的。

智库软价值——体制内外的不同表现

从软价值的意义上讲，咨询机构和智库的工作并没有本质区别，只不过咨询机构的价值在于对具体战略、项目、企业、家庭与个体的影响力，而智库的价值在于公共影响力——通过影响公共政策，在更广阔的范围内、更高的层面，为企业、行业、地区、国家创造更有利的环境、更有利的政策、更多赢的决策。

在西方国家，智库经济非常发达，智库组织的影响力也相当大。有研究数据表明，目前，在全球排名前 50 位的安全与防务智库中，90%以上都被美国和欧洲国家所占据。

【案例】兰德公司：价值 500 万美元的研究报告

一个众所周知的案例是美国兰德公司。这家智库曾在 20 世纪 50

年代组织大批专家对朝鲜战争进行评估，并且做出了“中国将会出兵”的论断，希望以500万美元的价格将研究报告出售给美国军方。当时的美国军方对此研究结论不屑一顾，然而，之后战争的局势与发展和兰德公司预测的相当吻合，为此麦克阿瑟也坦言：我们最大的失策是舍得几百亿美元和数十万美国军人的生命，却吝惜一架战斗机的代价。

兰德公司的案例使各国政府更加注重智库的研究成果。在美国，大型智库甚至雇用数千精英，下设不同专业类别的研究机构，服务对象包括大型企业、州政府、联邦政府部门以及国际组织。通常，智库的研究成果不仅包括类似咨询公司的直接建议，还包括一定的游说功能，以及社会影响力的功能。

企业和行业协会向某一个智库支付巨额资金，除了希望智库能够提供研究成果之外，还希望智库有能力把这些对企业或行业有利的成果通过游说议会、游说政府，变成对企业或行业有利的政策。

而某些政府部门、国际组织向智库支付研究报酬，除了购买其研究成果之外，还希望借助于智库的独立性、影响力，为某些政策的制定做好民情调查、舆情引导、政策推行准备。

与西方政治经济体制下的市场化智库组织不同，中国的智库大部分是靠财政资金养活的事业单位。一般而言，这些事业单位的核心人员编制受到政府编制部门的管理，并享受行政级别待遇和工资待遇，同时又允许他们靠自身的课题活动从地方政府、企业部门赚取一定的收入来补贴自身的工资和其他支出。对于那些额外收入比较多的事业单位，又允许它们以市场化的方式再雇用一些外围研究人员。在这种半政府、半市场的体制下，上述智库对精英人员的吸引力明显不足，无法贯彻严格的人员聘用和考核机制，有条件的研究人员通常依托公共平台从事大量能带来私人收入的活动，因此机构虽然越来越庞大，但是很少有高质量的研究成果。

从软价值创造的角度来说，西方和中国的智库运营模式具有一定的共性，也存在很大的差异，但是我们仍然可以运用万博软价值定律来进行分析。

在有效投入因子方面，智库和咨询企业有一定的相似性，不仅需要灵魂人物发挥重要作用，还必须吸引高水平的学术和政策研究人才，并且在知识积累和共享方面形成稳定高效的机制，这都需要持续的资源投入。

在传播群体方面，真正有影响力的智库应当以国家、社会和大众的利益为出发点，服务于整个社会，这样才能创造出真正的智库软价值。因此，智库应当建立起合理的资源聚集和运行模式，相对独立于利益相关方和政府部门的影响，独立开展学术和政策研究，真正服务于国家、社会和全体人民，这样才能最大限度地提高传播群体的广度，创造出最大的软价值。

智库的研究必须符合当前的软价值参照系，针对矛盾最大的问题提出独立性、专业性、可操作性和富有建设性的政策建议，这样的智库软产品才能具备较高的软价值乘数，对政策的制定产生积极的影响。

会议和论坛经济的三要素

软价值时代，会议和论坛不仅是沟通交流的手段，而且会议和论坛经济本身开始成为一种独立的财富形态和产业形态。而会议、论坛经济的软价值打造往往需要三个必不可少的要素。

从有效投入因子来看，一个具有发展前景的会议或论坛，本身必须具备足够的吸引力，甚至持久吸引力的主题。会议或论坛这种软价值不是任何无差异劳动都可以创造的，而需要由特殊的人或特殊的平台发起。显而易见，一场由影响力巨大的媒体、知名政治家、知名企业家、知名学者发起的研讨会，要比由初出茅庐、没有丰富经验的组织者发起的更容易吸引人们参与。这些媒体、知名的政治家、企业家和学者，就是软价值创造中的“理想黑体”，能够最大限度地吸引公众注意力，同时又辐射出能量。

无论是经济发展、环境保护，还是政治互信、文化交流、健康养生、理财投资，都需要吸引足够的参与群体，使它具备认知群体广度，是另一基本软价值要素。在会议或论坛闭会期间，围绕着会议或论坛的交流可能持续不断，从而衍生出新的软价值需求。为了满足这种软价值需求，影响力巨大的会议或论坛主办方一般会尝试建设专业或综合性的日常交流平台，甚至不同圈子定期交流聚会的俱乐部，从而向俱乐部经济、俱乐部软价值延伸。有的论坛甚至会发起自身的刊物，从而向信息软价值延伸。

当会议或论坛本身已经具有了强大的社会影响和品牌价值时，不但知名企业蜂拥而至，各种媒体也竞相报道，会议或论坛的参会席位还会出现稀缺，因此一部分希望通过论坛来提升知名度、增加专业信息、促进同业交流的企业或个人就会通过赞助或者购买场席位的方式加入论坛，随之广告赞助商、交费参会者会自然增加，会议和论坛本身的软价值也开始迅速扩张。

会议、论坛经济的软价值打造第三个必不可少的要素是软价值乘数。如同咨询企业和智库需要积累专家资源一样，会议论坛产业也需要在专业化的会议策划、运营和推广人员方面打造软价值乘数。会议或论坛经济虽然有时候也需要选择自然环境优雅怡人的地点，但其主要的财富源泉并不是自然资源，而是依赖于人们对论坛品牌的一种主观群体性认知，以及论坛本身能够激发创造的软价值。一次会议或论坛的成功、影响力的持续扩大，既依赖于所邀请的政治家、企业家、专家学者，也依赖于对上述知名人士的知名度、影响力、创造力的现场组织、整合，即软价值发掘。无论是会议组织者花费巨大的社会资源邀请这些人，还是参会者千里迢迢来听这些嘉宾的演讲或讨论，都必须在最短的时间内挖掘这些人思想中最有价值的部分。一个能持续运行不衰的会议或论坛品牌，背后一定有一个或一批善于此道的运作高手，负责邀请嘉宾、组织嘉宾的主题和出场顺序，安排合适的主持人，最大限度地激发信息和思想的互动交流。

事实上，各种论坛或会议软财富本身的软价值并不在于其营利性，而在于会议或论坛软产业的共享性和外部性，比如，带给参会者的信息、交流机会，带给社会的影响力，以及带给会议主办地区的直接或间接的经济影响。又如，对于参会个人而言，会议或论坛上的信息交流不但能够激发经营管理思想，获得专业知识，参会者相互之间的沟通也能促成大量商业机会；对参会发言的演讲嘉宾而言，其获得的不仅是出席、演讲的费用，还有媒体聚集的社会影响力扩散效应；而对于那些提供会议场所的城市、酒店而言，不仅意味着直接的经济收入，也意味着广泛的社会关注度。

有时候会议或论坛经济也会促进其他产业的发展，尤其是那些打造出品牌效应的论坛更是成为云集各领域顶尖企业家、专家学者的盛会，常常刺激了主办地区的旅游、餐饮等服务业的发展。云集全球精英的达沃斯论坛和亚洲知名的博鳌论坛，都对当地旅游业产生了积极的影响。

第三节 信息软产业的价值新规律

如果让不同的人回答他在哪些产品的消费方面所花费的时间最长，也许年轻女孩会回答买衣服和化妆品，成功男士则会炫耀自己每天都在社交、应酬，居家女性的回答是享受家居、装潢、教育孩子、看电影、休闲娱乐，中产白领则说是驾驶汽车、坐火车和飞机旅行……其实，他们花费时间最多的消费领域可能都是同一产品——信息！

当人们坐在电视机前收看新闻，在飞机上读报纸，在电脑前浏览网页、收发邮件，对着手机屏幕看微博、微信等，用谷歌或百度搜索信息，拿出移动电话与朋友聊天的时候……其实他们都是在消费信息产品。

信息生产的跳跃性和不确定性

从价值源泉的角度来说，信息产业的价值源泉是人类的思维活动。无论是记者的新闻稿，还是收集商业信息、分析经济情报、创作影音、图片、文字、数码信息等，都是差异化、个性化的软价值创造活动，都具有跳跃性和不确定性的特点。

一般而言，新闻创作、情报收集、信息筛选与分析都与信息创作者的经历、经验、思维和感情状态密切相关，甚至一封普通的家书，也是随着创作者的心情而随机产生的。正如量子跃迁现象，量子在不同能量级之间跳跃，要么处于高能量级，要么处于低能量级，不会出现量子处于从高能量级向低能量级过渡的中间状态。这种跃迁的发生是瞬间的、不连续的。信息的生产过程也遵循这种规律，信息的产生虽然是建立在创作者丰富的人生经历和知识技能储备的基础之上，但灵感的产生瞬间就是信息的产生节点，那个瞬间是无法预测且随机的。

正是由于信息内容的随机性，信息软价值的生产成本往往是难以测定的。信息内容的创造成本主要是人类的思维成本，尽管每个人都有不同的成长经历和教育投入，但是我们无法估算他在创作一条信息的时候所付出的思维折合多少教育成本或花费了多少脑细胞的思维投入。

信息产品的定价更多地取决于信息接收者本身的价值判断。比如，同样一条商业信息或情报，对于参与这场商业活动的竞争者而言可能价值颇高，而对于局外人则可能毫无价值。

信息“原料”与大数据“加工”

脸书上市时的估值超过1000亿美元，而根据会计准则计算出的公司资产价值只有66亿美元。有专家在研究了脸书上市前的“数据资产”后，认为应当由脸书拥有的2.1万亿条数据来填平这个价值缺口。[①] 这“2.1万亿条数据”实际上就是信息。

新闻、商业信息、经济情报、影音信息、图片信息、文字信息、

---

① ［英］维克托·迈尔-舍恩伯格，等. 大数据时代：生活工作与思维的大变革［M］. 杭州：浙江人民出版社，2013：152-153.

数码信息的创造可以看作信息有效投入因子的积累形成过程。随着数据采集和存储技术的进步，“大数据”的概念逐渐出现。根据麦肯锡全球研究所给出的定义，大数据是指一种规模大到在获取、存储、管理、分析方面大大超出了传统数据库软件工具能力范围的数据集合，具有海量的数据规模、快速的数据流转、多样的数据类型和价值密度低四大特征。① 我们在网络上甚至生活中看似不经意的行为，一次搜索、进入一家店铺、点击跳过广告等，都在不断产生数据。商家也在利用“爬虫”等各种方法记录下来。但实际上，由于大数据只是将某种人类活动（如交通、购物、医疗等）或自然现象（如气温、血压、发动机振动频率等）记录并保存下来，尚未进行加工处理，其中只包含少量的人类思维活动，因此大数据是软价值较低的“信息原料”。

奥伦·埃齐奥尼（Oren Etzioni）是最早的互联网搜索引擎MetaCrawler的创建者之一。2003年在经历了一次不愉快的购买飞机票后，他决定开发一个基于大数据的机票价格预测系统。这个小项目逐渐发展成一家得到风险投资基金支持的科技创业公司，名为Farecast。通过预测机票价格的走势以及增降幅度，Farecast票价预测工具能帮助消费者抓住最佳购买时机。如今，Farecast已经创下拥有约2000亿条飞行数据的惊人纪录，并使其用户节约了数百万美元潜在支出。对数据的科学加工，创造并产生了信息软价值。

媒介与流量的价值

信息的传播，被越来越多认知群体所熟知和接受，离不开媒介，

---

① McKinsey Global Institute. Big Data: The next Frontier for Innovation, Competition, and Productivity.

比如，报纸、广播节目、电视节目、电报、门户网站、邮件、博客、微博、微信公众账号，以及客户端 App 软件、带有广告功能的导航地图，等等，它们是信息传递的工具和技术手段。

随着经济和科技的发展，媒介本身也在发生变化。从最早的一封家书、飞鸽传书、烽火报信，到现在无线通信、量子通信等，媒介的升级使得信息传播呈现出新的特点：信息传播的时间在缩短、信息传播的空间在扩大、信息传播的容量在提升，信息发布得越及时、覆盖用户越广，对于用户的效用也就越大。

而信息媒介的价值核心是“流量”——只要拥有一定的流量和一定的关注度，可以扩大认知群体广度，信息媒介就具备了软价值创造能力。依托于移动客户端的新媒体和社交 App 拥有大量的用户群体，用户群体的规模往往能够体现出这个平台的受欢迎程度和广告价值。人们对于信息的认识状态，其实接近一种“量子态”。就像一个学生走入空无一人的教室，他可以选择坐在空座位上，也可以选择随即离开。正因如此，人们对信息的需求弹性巨大，创造认知群体才显得如此重要。媒介不仅能够呈现信息本身的内容时效性、重要性、连续性、趣味性等，更重要的是通过它呈现的内容影响认知群体的认知、行为、思维，或者引起某种共鸣，进而形成可持续的关注度。

同样一条消息在不同渠道发布，其影响方式和范围也不相同。比如，在报纸上刊登受报纸发行量的影响，在电视上播出受收视率的影响，在网站或自媒体上公布更多地取决于点击率，流量的媒介不同，其创造软价值的能力也不同。

信息媒介的价值非对称性实现

对于硬价值销售而言，如果你总是把产品交给 A 免费使用，却从 B 那里收回费用和利润，这是难以想象的。但是信息软价值却越来越倾向于一种新的价值实现方式——向 A 群体提供免费信息，让 B 群体埋单。大众媒体的主要收益往往不是信息产品的销售收益，而是由于积累了一定程度流量用户之后的广告收益。比如，搜索引擎是免费的，但是面向搜索引擎的广告商是收费的，其原因就是搜索引擎其实是把人们获取寻找信息线索时的注意力“卖给”了广告商。

不仅如此，由 A 群体支付的直接价值与 B 群体支付的间接价值变化成反比：A 群体规模越小，B 群体愿意支付的费用越少，A 群体所需要承担的费用越多；A 群体规模越大，B 群体愿意支付的费用越多，A 群体所需承担的费用就越少；一旦 A 群体规模足够大时，B 群体竞相支付高价，A 群体就可以不支付任何费用免费享用信息产品。

收视率高的综艺节目，广告植入价格、特约播出价格和独家冠名价格要远远高于收视率低的节目。就拿收视率曾经达到 2.969%的《极限挑战第三季》来说，它的独家冠名商需要投入 4 亿元才能拿到，然而收视率只有 0.2%左右的《潮童天下》这个人们很少听说的节目的独家冠名费仅 400 万元。而无论是哪个节目，用户可以只需支付很少的有线电视费用，甚至免费观看。

在上述费用变化中，A 群体的规模（收视观众）是媒体能否向 B 群体收取足够费用的决定性因素。为了追求 A 群体的规模，很多媒体从一开始就在没有任何收入的前提下向 A 群体提供精彩的免费产品，只要能够吸引到足够的 A 群体，自然有 B 群体来支付费用。例如，每个微信用户都可以免费注册，在微信中和好友进行文字、语音和视频交流，并实时分享自己的动态，免费看到好友的最新分享，为好友点赞留言，形成强大的用户群体，对用户来说微信是免费的。而正是这些免费的和人性化的服务聚集起来的用户，使得微信运营商可以向广告商收费，也可以向被引流的合作伙伴收费，用户群体越广，广告商或合作伙伴往往愿意承担的费用也就越高。

第四节　金融软产业的量子规律

金融软价值不是虚拟的影像，而是实体经济的波长

有一种古老的劳动价值理论认为，金融资产是“现实资本的纸制复本”、“纯粹是幻想的影像”，是所谓的“虚拟”资本。这种诞生在牛顿时代的理论，如果用到量子世界和软价值时代，常常会造成错误的认知。

在软价值时代，高科技公司、教育培训公司、咨询公司、网络信息公司、文化公司和金融公司的实体经济表现形式很少（无非是一些租用的办公场所和电脑设备），其主要价值表现形式就是金融市场对其软价值的估值。对于这些软企业而言，否认金融资产是实体财富，就否认了它们的财富主体和主要价值存在方式。

如果金融资产真是“虚拟”的，其价值无论增加还是减少都并不意味着实际财富的变化，那么谷歌、苹果、腾讯、阿里巴巴等很多科技公司的股价所代表的价值真的是虚幻的吗？显然，这些软价值不是虚幻的，也不是什么“虚拟”的经济；恰恰相反，在软价值世界里，那些高科技公司的股价所代表的价值才是真实的，而其所依附的有形资产——无论是租用的办公场所，还是办公设备，才是附属的、可有可无的、随时可替换的。

为什么当我们盯着别人的眼睛时，能够感受到其中丰富的含义？为什么我们一拿起电话就能听到远在地球另一侧的声音？因为光波、电波、声波都不是抽象的，也不是虚拟的，而是实实在在的物质！

看得到摸得着的“粒子”是物质，看不到摸不着的“波”也是物质。物质世界本来就有“波”的特性和“粒子”的特性——“波粒二象性”。经济也一样：看得到摸得着的实体经济是财富，看不到摸不着的金融信用财富也是财富。货币和金融软财富不是实体经济的“映像”，而是实体经济的“波”——“映像”是虚幻的，“波”则是实实在在的物理存在；影像与本体是一一对应的，而货币和金融资产等软财富，同实体经济绝不是简单的一一对应关系，它们有自身的运动规律。如同在物质世界，有的物质的“粒子”特性很强，波的特性很弱；在价值世界，有的企业只有实体部分，没有信用软价值；有的企业实体经济部分很大，信用软价值部分很小；有的企业实体经济部分很小，信用软价值部分却很大！

在量子理论中，双缝干涉实验既展示光的粒子性一面，也证明了光的波动性，薛定谔方程又把粒子性和波动性统一在一个微分方程中，“波粒二象性”被证明是微观粒子的基本属性。财富的“波粒二象性”在这里也绝不是一个比喻，而是现代金融社会必须接受的哲学和认识论。“波”是物质世界必不可少的部分，金融资产也是价值不可忽略的一部分，股票、债券是实体财富的“波长”，主权货币是国家信用的“波长”——货币和金融资产都是信用软价值，是特殊形态的真实财富。

金融软价值的测不准原理

传统价值论认为金融资产都有一个所谓“内在价值”，这个价值主要由“基本面”决定，只要找到这个基本面决定的内在价值，就可以稳操胜券，因为无论高估价格还是低估价格，都要回到内在价值。

软价值论认为，金融资产软价值构建是基于人类思维支撑的一系列假设和数学设计，它的定价取决于人们的群体性认识，因此它本身并不存在内在价值。

以股票为例，尽管的确有必要从宏观经济、行业和公司业绩等方面去分析一只股票的基本面，但就像我们无法准确测定微观粒子的位置和速度一样，公司未来的发展状况、收入、现金流的预测也是不确定的，人们给它的风险溢价是相对的；同时，通胀率、货币流动性状况、利率水平、汇率水平、其他金融资产的风险收益变化、人们的价值观念、资本市场供求关系等参数共同构成了金融软价值参照系，即使是相同的企业，在不同的金融软价值参照系中，它的软价值也是不同的。

在硬财富世界里，人们通常不加任何假设条件就谈论重量、距离，是因为人们认为这些物理量的参照系基本上是一致的、相对稳定的。即使没有定义绝对空间、绝对时间和绝对运动，人们的判断也隐含了牛顿物理学的一系列假设。然而在金融领域并非如此，人们心中的认知是不一致的，市场参与者的认知变化对金融资产价格的影响要远远大于其“内在价值”的波动。

迄今为止，绝大部分的金融资产定价模型，都沿袭了牛顿认识论和物理学模型构建方法，企图通过各种基本面因素寻找金融资产的绝对内在价值——这些模型如果没有把投资者的心理变化、群体性认知作为参数考虑进去，就不可能得到正确答案。就像美国知名对冲基金管理人巴顿·比格斯在其著作中转引的一段话：“人们若是只想把股票变动与商业统计挂钩，而忽略股票运行中的强大想象因素，或是看不到股票涨跌的技术基础，一定会遭遇灾难，因为他们的判断仍是基于事实和数据这两个基本维度，而他们参与的这场游戏却是在情绪的第三维和梦想的第四维上展开的。”①

我们都知道“薛定谔的猫”，它的生死是由观察者决定的。在金融软价值的世界里，投资者的理念和行为变化，不但会影响金融资产价格波动，有实力的投资者还会对金融资产价格施加影响。索罗斯把这种功能叫作“参与”功能或“操纵”功能，他认为，如果不能把参与功能或操纵功能考虑到资产估值模型中，那么所有的估值模型最终都会证明是失败的。

金融软价值的系统参数及运动方向

一种金融资产价格的波动，常常不是因为它自身有哪些变化，而是因为参照系其他部分的变化或参照系整体价值运动方向发生了变化。在量子理论的“洛伦兹变换”中，在任何惯性参考系中光速都是恒定不变的，而长度的收缩、时间的快慢、速度的变化则都需要通过洛伦兹变换而得出。把握住整个参照系的运动方向，比单个金融资产价值更重要。所以要想成功地从金融市场中获利，首要的不是研究金融资产本身，而是确定你所投资的金融资产属于哪个参照系，并把握整个参照系的运动规律。

比如，投资中国资本市场，就应该以中国经济增长率为背景，结合可替代的房地产预期收益率、无风险利率、风险溢价、中国投资者的资产选择和风险偏好、人民币汇率变化、经济政策变化等，

① ［美］巴顿·比格斯. 对冲基金风云录[M]. 北京：中信出版社，2007：97.

判断资本市场在整个中国金融市场中的位置。如果经济增长率、汇率、利率、物价指数、经济政策、不同资产市场的估值和风险水平、人们的信心和认识有利于资本市场，那么资本市场作为一个整体的运动方向就可能是向上的。

从静态角度来看，同样一家上市公司在香港联交所和上海交易所同时上市，股票价格并不相同。每当中国蓝筹公司的香港 H 股的价格与 A 股的价格之间出现较大差异时，就有人想到这可能是其中某个市场定价不合理。其实处于不同参照系的股价本来就不可能一样。抛开其他各种因素不谈，当香港资本市场的无风险利率很低，而内地资本市场的无风险利率上升时，仅仅一个利率差异就可能决定香港的 H 股的股价不同于 A 股。

从动态角度来看，整个参照系的运动规律更加重要。比如，在 2002~2007 年全球资本市场牛市中，投资者很容易盈利；而从 2007 年第三季度开始的全球金融危机中，投资者就算选择优质的公司股票，也不能排除风险。又比如 2014~2015 年，中国股市的上证综合指数从 2000 点一度上涨到 5100 点，把握住这个趋势，比选择具体的股票品种更重要；相反，从 2015 年 10 月开始，中国股市又连续下跌了 50%以上，这个阶段大部分股票都开始下跌，把握这个参照系的运动方向同样比选择具体品种更重要。

当然，在金融全球化的时代，很少有真正封闭的金融系统，各个参照系之间的估值是相互影响的。所以，2008 年开始的华尔街金融风暴，迅速演变成了全球金融危机，中国资本市场也受到负面影响。从这个角度讲，寻找参照系的运动方向及其相互关系是正确投资的前提。

金融软价值的群体性认知与供求关系的逆转

整个参照系的运动方向带给投资者的是趋势性机会或者趋势性风险。抓住系统性投资机遇、避免遭遇系统性风险，关键是把握趋势变化的临界点。而这种趋势变化的临界点，到底是取决于供求关系，还是取决于人们心理对风险收益的认知变化呢？

中国投资者习惯于计算金融市场的供求关系。比如，在判断股市行情的趋势时，经常看到证券研究机构计算未来一段时期可能上市的新股供给量和可能进来的增量资金，并以此为依据判断未来行情。然而，无论是潜在的购买者，还是计划发行新股的融资者，其投融资计划都是根据金融市场收益和风险预期变化而确定的。比如，一旦行情看涨，大量社会资本就会蜂拥而入；一旦行情低迷、交易量萎缩，原本的新股发行计划也不得不做出调整。这种变化往往是非连续的、跳跃性的，如同"量子跃迁"中存在的空白区域，电子不仅会瞬间从一个能量级跃迁到另一个能量级，而且两个能量级之间不存在电子轨道。

当然，就金融软价值的运动规律而言，也不可以完全否定供求关系，但往往资金和股价的因果关系是难以判断、因果可逆的。一旦金融市场对于风险收益的心理认知发生变化，供求关系也会做出相应的调整，并出现认知的自我强化效应。比如，2014 年，由于中国股市的"赚钱效应"，加上融资的杠杆效应，大量新资金涌进 A 股市场，不断推高股指；而 2015 年 6 月以后，由于风险加大、预期收益减少，连续几个月都有大量资金从资本市场流出。与此同时，管理层采取加强监管的"去杠杆"措施，大量"杠杆资金"也退出股市，造成资本市场连续暴跌。这到底是投资者的信心引起了资金量的变化，还是资金量的变化改变了人们的信心？

由此可见，金融市场的趋势性变化既受供求关系的影响，也受心理认知的影响，而这两个要素之间往往是相互强化的。一般而言，从时间上首先是对于风险收益心理认知的变化，然后才是供求关系的变化。一旦供求关系逆转，又会强化已经初步形成的心理预期，二者一旦形成一致的推动力，就会形成一个趋势性的机会或者风险——一个趋势性机会的临界点，往往就诞生在从风险/收益关系的心理认知逆转到供求关系扭转的那个特定阶段。

金融软价值的量能耗散定律：超涨超跌 VS 回归均衡

一旦金融市场的运动形成既定的趋势，有两种力量冲突会影响未来的走势：一是沿着既定的趋势不断发散，形成超涨或者超跌；二是沿着固定的轨道回归系统均衡。

传统价值论按照基本面决定金融资产价格的逻辑，假定市场参与者的决策是基于对事实的完全认知，认为金融资产的价格会不断回归均衡点或内在价值。然而，金融市场的参与者大部分对基本面的变化没有完全的认知和独立的决策。恰恰相反，市场参与者常常在不完全认知的基础上采取行动，并且在各种错误理念的引导下进行自我强化和自我瓦解，进而造成金融市场超涨或超跌。

因此，投资者要在金融市场获得最大的利益，就必须理解全球金融市场暴涨暴跌的本质逻辑。在牛市预期形成时，不要因为股票的价格超过所谓“内在价值”就急于卖出，因为它一定会“超涨”；在熊市趋势形成之后，也不要因为股票价格跌到了所谓合理的价值区间，就急于买进，因为它一定会“超跌”。

这种“超涨、超跌”在统计学上可以表示为“变差”，即在一个变化过程中存在不可避免的差别，变差可能很大，也可能很小。

在受控状态下，过程是稳定且可重复的运行，但在不受控状态下，过程的分布就会发生变化，使得真实的结果和预期产生差异（Var），并用区域化变量Z（X）和Z（X+h）之间方差的一半来定义变差函数，即

$$V=1/2Var[Z(X)-Z(X+h)]$$

如同可以用加权最小二乘法、线性规划法等拟合变差函数一样，长期来看，金融市场也有回归均衡的力量。但是金融软价值一旦形成超涨或超跌，一般不经历疯狂都不会自我瓦解，不经历信心彻底崩溃也难以自我恢复。

在超涨、超跌到回归均衡的运动过程中，其时间分布往往是不均衡的，具体取决于能量自我强化和耗散的情况。有时候是大体能量守恒的，比如，一个超涨的金融市场往往因为投资者的过分狂热而不断放大交易量；而一个超跌的金融市场却往往因为投资者缺乏热情而交易量过度萎缩。就像一根木头燃烧得越旺，燃烧时间越短：越是交易量不断放大的市场，越容易迅速消耗完能量，持续时间越短；越是交易量萎缩的市场，消耗能量越慢，该市场的行情反而能够持久。

有时候金融市场是能量不守恒的，如市场出现超涨、超跌拐点的时候。当超涨到达最高点时，投资者心理认知会发生突变，原来市场的买方可能瞬间变成卖方，交易量可能急剧萎缩，股票价格从前一天的高位，直接跳空低开，在不考虑做空机制的情况下，这个过程获得价值下降的收益了吗？显然没有，每一个投资者都是亏钱的，正向能量凭空消失了。同样地，当超跌到达低点时，投资者心理认知也会在这个临界点发生跳跃性变化，原来市场的卖方可能瞬间变成买方，交易量可能迅速放大，能量瞬间膨胀。

第五节　其他服务业的软价值规律

曾经有媒体批评星巴克咖啡在中国牟取暴利，结果并没有博得消费者的喝彩。他们认定星巴克牟取暴利的一个逻辑是通过调查星巴克制造一杯咖啡所需要的材料成本和它的销售价格差额，然而，大部分消费者都知道，他们去星巴克购买的不只是一杯咖啡，而是凝结在这个品牌上的信任、那里的交流氛围、休闲情调和简单快捷的“服务”。星巴克前总裁霍华德·舒尔茨（Haward Schultz）曾说：“我们不是一家只卖咖啡的公司，而是一个致力于让人们创立联系的品牌。”

服务软产业的价值潜力

我们在享受商业、零售、医疗、保健、美容、理发、餐饮、茶馆、养老、旅游等服务的过程中，虽然也需要房屋、器皿、器械等硬价值作为活动的载体，但是人们获得的主要效用来自技师自身的服务活动。

人们为一杯酒、一壶茶支付的价值，可能远远超出酒和茶本身的成本和物理功能，而更多地取决于酒和茶，以及酒吧、茶馆中的文化、休闲、奢侈、夸耀、社交等功能。

与星巴克价值构成相似的消费服务还有很多。比如，如果一家餐饮店仅仅提供满足温饱的产品，则它的价值必然是有限的；而有的餐厅提供让人舒心的环境和优质的服务，让人们感受到自在、休闲，甚至附加上奢侈、夸耀、社交等更丰富的心理体验，才会一座难求。正如那些五星级的宾馆，提供的不仅仅是一张休息的床铺。

一旦人们对商品本身的需求超出了这些硬财富最初的基本物理功能，开始更多地偏重于健康、社交、炫耀、品位等心理体验和精神感受时——这种需求只能通过软价值供给来得到满足。

当这个世界进入硬价值生产能力过剩时代，人们看到硬价值逐渐萎缩，而软价值迅速扩张，表面原因可能是厂商采取的竞争手段，或为了赚取高额利润而对消费者的需求不断进行深度开发，本质原因则是人类的心理体验需求和服务需求不断升级。

英国经济学家马歇尔曾经说："人类的欲望在数量上是无穷的，在种类上是多样的，但它们通常是有限的并能得到满足的。未开化的人的欲望的确比野兽多不了多少，但是，他向前进展的每一步都增加了他的需要的多样化，以及满足需要的方法的多样化。"①

正是为了满足上述复杂的心理需求，才产生了丰富多彩的、分工越来越精细的服务行业——它们为人们提供了远远超乎商品价值本身的心理体验和精神满足感。不论是迎合人们奢侈和夸耀的需求，还是开发人们潜在的精神和社交需求的服务商家，他们不是某些传统价值观眼中的骗子，而是拥有现代软价值观的成功商家——只要他们不过分夸大商品的物理功能而误导消费者，而是创造并满足了人们的文化、休闲、奢侈、夸耀、社交等潜在心理体验和精神需要，

---

① 参见马歇尔《经济学原理》第三篇《论欲望及其满足》。

他们就是实实在在的服务软价值创造者。

服务软价值不仅仅取决于劳动时间

服务类软价值的定价，既不像硬价值那么具体，也不像知识、信息、文化、金融那么抽象，而是介于两者之间。具体而言，以标准化、一般化劳动为基础的服务软价值定价，和以差异化、创造性劳动为基础的服务软价值定价，遵循着不同的价值规律。

对于那些不包含创造性、差异化劳动的一般化劳动为基础的服务业，如交通、运输、仓储、物流、航运、批发、零售、水利、环保、公共设施管理、废旧物品回收等，通常其价值规律与硬财富的价值规律比较相似，可以主要从供给成本来定价，只不过其主要成本是人力资本，它取决于劳动者的知识、技能、健康状况和劳动投入，以及人力资本的组织方式和生产效率。

星级宾馆住宿、品牌餐饮、高端保健、专业医疗、养老服务、高级美容美发师、专业家政服务等需要服务者长期培训且具有特定技能，面向特定的投资者提供的差异化服务，虽然不像知识、信息、文化、金融那样具有极强的抽象性、跳跃性、模糊性等特点，但也是主观的、相对的、测不准的，很难简单地用劳动时间来衡量。一个高级厨师做的菜，也许只用了很短的时间，但是为顾客找回了“妈妈做的菜的味道”，那么这道菜的有效投入因子如何衡量呢？

从需求侧的心理体验上看，消费者的心理空间具有较大的定价弹性，其主观评价的软价值是一个相对的价值体验区间，在这个价值体验区间的各种价格都是可以接受的；从供给侧的投入成本上看，几十分钟的服务过程中体现的是技师的差异化劳动，而这种技能的背后却可能是长达数年甚至数十年的培训和练习——前者容易用时间来测量，后者就比较模糊了。

服务软价值的“效率优化悖论”

在硬价值产业，提升价值的最有效途径之一就是提高效率。比如，提高工人的工作效率，降低用工成本，以前一个工人一小时能够生产10个零件，现在能够生产20个零件，那么平均到一个零件的人工成本就降低了一半，在同样的质量下，其在市场上的竞争力得到了提升。同理，提高土地利用效率，降低用地成本；提高机器的使用效率，降低折旧成本，等等。那么在服务软产业领域，这些是否有效呢？

星巴克曾经在2007年做了这样一个尝试：出于标准化、生产成本等方面的考虑，2007年星巴克开始想做“麦当劳”了。星巴克的门店开始上线全自动咖啡机，其效果是降低了人员培训的成本，减少了咖啡的浪费，大幅降低了一杯咖啡的制作时间，提高了生产效率，这是硬价值产业梦寐以求的变化，可是给星巴克带来了什么影响呢？2007年星巴克营业利润同比增长18.24%，净利润同比增长19.21%。但与之形成鲜明对比的是，2007年一年时间星巴克的股价跌了42%，市盈率从35倍跌到20倍。之后，资本市场对于未来的预期兑现了：星巴克2008年第四季度财报显示，第四季度盈利从2007年同期的1.585亿美元骤降至540万美元，下跌95%，2008年全年星巴克净利润仅为3.155亿美元，比2007年的6.726亿美元下滑53%。后来星巴克淘汰了全自动咖啡机，再度启用传统的La Morzocca手动款咖啡机，星巴克的利润也在经历了“黑色2008”之后逐渐恢复，2010年净利润重新超越了2007年，达到了9.4亿美元。

为什么会出现“效率优化悖论”？效率提高了，却出现了股价腰斩、利润骤降的情况？影响星巴克利润变化的因素很多，咖啡机仅仅是客户体验变化的一个缩影。但有一点是较为明确的，服务软产业经营的不是硬商品，而是软服务，人们在星巴克消费也不是为了在最短的时间内得到一杯咖啡，而是享受手工调制下蕴含的意味，也许是熟悉的口感，也许是沉淀的时间，也许是独一无二的辛苦，也许是物以稀为贵的炫耀，也许仅仅是内心没有任何理由的一种莫名遐想……星巴克换掉的不是咖啡机，而是对客户体验的重视。当然现在的星巴克不再用 La Morzocca 手动款咖啡机，但是它并没有放弃对顾客提供更好服务的理念。

很多服务业都有类似的“效率优化悖论”，其本质在于，效率的优化如果不是以客户满意度为代价，可能会大幅缩小认知群体。

扩大“知名度”，创造服务软价值

人们可以为单个瑜伽教练的训练付费，也可以组织部分亲友聚会并邀请一个技师进行表演。不出名的技师，所创造的软价值仅限于他被认可的群体；而一旦技师成为具有广泛社会知名度的“大师”，其软价值的创造能力便会成百上千倍地扩大，这就是认知群体广度的魔力。

然而，广告投入不是做大认知群体、提升知名度的唯一渠道。星巴克在公司上市初期，销售额以40%的年复合增长率攀升，在全球超过5000家分店，服务客户超过2000万，而在此期间，星巴克在广告上的花费在总成本中占比不足1%，远低于大多数快餐连锁店4%左右的行业平均水平。不仅如此，星巴克拥有首席技术官、首席数字官、首席运营官，但是没有一个首席营销官。并不是星巴克不重视营销，而是因为在星巴克的战略中，营销存在于星巴克的每一个地方，每一个人都应该融入营销的努力中。

知名度的提升在服务软产业中可以通过一种“圈子”的建立而实现，“圈子”和知名度之间往往具有相互强化的作用。1983 年，星巴克的前任总裁舒尔茨出差到米兰参加商展。他走在街头，发现浓缩咖啡馆一家接一家，而且都挤满了人。意大利人早也来、午也来，到了傍晚下班还是先到咖啡馆转一圈才回家。大家一进门好像就碰到了熟悉的朋友，在熟悉的轻音乐中聊天。事实上美国人已经在自家的壁炉旁喝了上百年的咖啡，而那时的星巴克也已经卖了 10 多年咖啡豆。但是，所有人都没有意识到，放松的氛围、友好的空间、心情的转换，才是咖啡馆真正吸引顾客一来再来的精髓。大家要的不仅是喝一杯咖啡，而是渴望享受咖啡的时刻。①

“我们有一个憧憬：为咖啡馆创造迷人的气氛，吸引大家走进来，在繁忙生活中也能感受到片刻浪漫和新奇。”舒尔茨想把星巴克打造成办公室和家以外的“第三空间”。比如在中国，星巴克通常会选择商业区，因为这里的白领更需要有一个调节压力的“驿站”，也更容易接受有点国际文化味道的咖啡饮品。但在欧美，星巴克主要集中于社区，因为人们在家里就有喝咖啡的习惯。星巴克以喝咖啡的需求为媒介，搭建了一个人们走出家庭、工作圈之外比较随意休闲的社交场所，而希望加入这个“圈子”里的人，自然也成了星巴克的消费者。

通过“集聚效应”也能够瓜分软价值“认知群体”，提升知名

---

① 康路. 向星巴克学市场开拓：发现你喝咖啡的秘密，http://finance.sina.com.cn/manage/zljy/20050610/19171675303. shtml.

度。服务类软财富价值离不开群体性认知，而测量一个群体对某种服务的价值认定通常比测量对知识、信息、文化、金融的认知更加容易。通常这个问题会同“文化参照系”联系在一起：在不同的“文化参照系”中，群体性认知千差万别，而在相同的“文化参照系”中，人们对服务类软价值的认知会日趋相同，进而形成集聚效应。这种集聚效应，在生物学中被称为“雁阵效应”，领头雁带领其他大雁排成人字形飞行，比一只雁单独飞行既省力又快。

虽然好莱坞的电影不一定都是优质的，日本的动漫也不一定都是精品，但是一提到电影我们还是会想到好莱坞，一提到动漫我们首推的依然是日本。如果能够很好地利用这种集聚效应，往往可以“搭便车”，瓜分原有服务软产业的“认知群体”。就像消费者想要购物大概都会逛购物街，因为那里店铺聚集，总有一家店的某一件衣服能够满足消费需求，而开在购物街中的店铺自然就获得了相应的认知群体。

服务业软价值的客户黏性、差异性、品质性

与知识软产业、信息软产业、文化软产业具有的受众非排他性不同，服务软产业的消费往往具有排他性，星巴克的一杯咖啡只能销售给一个消费者，不能反复回收，无法共享。这与硬价值有相似之处，一个馒头给了 A 就没有办法给 B 吃。然而，服务软产业虽然在某一时间上具有消费群体的排他性，但是在时间上具有非排他性，客户黏性有助于带来软价值乘数的提升。如同一个忠实的星巴克顾客可以一个月光临星巴克 18 次，购买同一款咖啡。这显然在知识产业、信息产业中是很难做到的：再认可一本书的人也很难一个月连续购买 10 次，但可以在同一家书店里面购买多本图书；人们对于同

一条信息，往往也只会一次性消费，但可以长期关注同一个信息平台。这也是为什么星巴克主张：如果客户不小心打翻了咖啡，要求再免费提供一杯时，星巴克会第一时间奉送，因为它懂得这份关系的长期性，服务的消费往往需要建立一个相对长期的联系，不会因小失大。

服务类软价值取决于消费者的主观心理体验，而这种心理体验通常是因人而异的，差异化服务提升软价值乘数。就消费者偏好而言，有的消费者喜欢服务效率，对快餐、航空等给予较高的价值评价；有的消费者会对服务本身带来的社交功能感兴趣，会对高端教育、各种高端俱乐部给予较高的价值评价；喜欢廉价服务的消费者和喜欢美观的消费者，对美发的价值标准就完全不一样。就像每个人心中都各自有一道妈妈味道的菜，确定一种差异化服务的价值首先必须确定它主要面对的消费群体，以及这个群体的心理体验偏好。

服务类软财富的价值不仅受到提供者的技能和人力资本的影响，通常还会受到消费者投入心理成本——时间成本、信息成本和其他精神成本的影响，服务的品质往往会影响软价值乘数。比如，同样的按摩服务，在美国每小时 50 美元，在泰国可能只需要 5 美元，这是由两地不同的人力资本所决定的。而即便是同样的服务，如果让消费者付出的时间成本、信息成本、精神成本越多，通常消费者越不满，其感受到的服务软价值就会越低。比如，当你通过手机软件订外卖时，如果定位不准确、与餐厅的订单系统对接出错、送餐员走错路，就会让你在饿过劲儿了才拿到自己订的餐食，虽然你最终也得到了这项服务，但如果经常让你付出太多的时间成本、信息沟通成本和情感成本，那么这款软件给你提供的软价值就会明显降低。

客户反馈如同软价值乘数的“背景板”

对于标准化、一般性服务的效用评价，基本上可以采用线性评价的方法。然而对于那些建立在差异化、创造性劳动基础上的服务的软价值，就没这么简单了，不仅成本投入难以衡量，它给消费者带来的心理体验也是非线性的。那么，如何衡量消费者非线性的心理时间和非线性的心理空间呢？

客户的反馈机制反映了软价值乘数的某一个状态。比如，通常服务企业会让客户按照非常满意、满意、一般、不满意等标准进行评价，而消费者也会在内心给予低于预期、满足预期、超出预期之类的评价。当然，更详细的量化服务测评体系有很多模型设计，基本上可以对服务内容、服务过程、服务感受、服务结果和服务后续评价影响等不同环节来给予一定的打分权重，然后综合测定通过客户的评价得到映射软价值乘数。

客户的投诉与反馈机制就像双缝干涉实验中的背景板，当没有背景板的时候，光呈现波动性，看不见也摸不着，但当遇到背景板时，光粒子则具化变成了一个圆点——瞬间坍缩。客户的投诉与反馈机制不仅能够反映出软价值乘数的状态和变化，客户集中投诉的问题，或者反馈中客户认为能够提升自身满意度的信息，还能够对软价值乘数的提升方向起到引导作用。比如，星巴克就在客户调研中设计了这样一个问题：“星巴克如何让你觉得自己是‘有价值顾客’？”选项有：“改进服务、有吸引力的电源、人性化的借贷、便宜的价格、光顾多次后的优惠，等等。”重视客户反馈的服务中的失误，并及时改进，有利于进一步提升客户的心理感受，扩大软价值乘数。

虽然群体性认知很难用一个固定的单位或者数字来衡量，但是建立在对群体性认知估计之上的，用客户反馈的手段来获取的群体性认知，能够呈现出某一状态下的软价值乘数，为企业改进服务提供有价值的信息。

第七章　软价值时代的全球经济新范式与社会变革

第一节　向软价值转型：全球经济新范式

软价值转型的 GE 模式

从微观的角度来看，美国的经济从 20 世纪五六十年代开始，就在经历一个持续不断的“软化”的过程，这是科技进步和市场规律共同作用的结果，不是政府调控而来，也不可能靠政府调控逆转。

例如，通用电气（GE）作为道琼斯 30 种工业股票指数自 1896 年设立以来至今唯一仍在指数榜上的公司，可谓代表了美国经济转型发展的历程。在 20 世纪 50 年代，通用电气的业务主要为大型机械、家用电器、军工产品，1960 年拓宽到电力设备、原子能，70 年代更进一步地进入航空、计算机领域。从产业发展的角度看，通用电气跟上了科技进步的步伐，但主要仍在硬产品、硬财富的生产领域。

20 世纪 80 年代以后，在杰克·韦尔奇的领导下，通用电气对自身的业务结构进行了持续的调整，卖掉了家电制造部门，收购了美国最大的广播电视网美国国家广播公司（NBC），将原先规模很小的消费贷款部门扩展成了为消费者服务的 GE Money 和为企业服务的 GE Finance，收购了医疗保健部门，保持与健全了基础设施和工业部门。

到2009年，通用电气将旗下的6个业务集团合并为4个，分别为：Technology Infrastructure（医疗、飞机、交通运输、企业安防），Energy Infrastructure（能源、水处理、油气），GE Capital（商业金融、消费者金融、企业融资），NBC Universal。可以看到，其中广播电视网、金融均属于软价值范畴，而通用电气的其他部门生产的产品，如核磁共振仪、飞机发动机、发电设备，都有极高的技术含量，其中的软价值成分也很高。

“软化”的硅谷

有研究者将硅谷的发展总结为三个阶段：第一阶段是从硅谷诞生（以1957年9月仙童半导体公司成立为标志）到20世纪70年代中期（1971年，旧金山地区的新闻记者唐·霍夫勒在一份小报上首先使用了“硅谷”一词），这个阶段硅谷的主导产业是半导体工业，是名副其实的“硅”谷，或者叫作“硬硅谷”阶段。

第二阶段是20世纪70年代中期到2001年互联网泡沫破灭，这段时间硅谷的主导产业是软件和互联网，同时也诞生了Wintel联盟[①]，硅谷可以说是“半软半硬”的阶段。

第三阶段是2003年之后，硅谷的创新覆盖了很多领域，信息科技、生物、医药和各种商业模式的创新也层出不穷，硅谷已经不再受自然资源和硬技术的局限，完全“软化了”。

在第一阶段末期，由于来自日本、中国台湾等地的竞争，半导体集成电路的价格大幅下降，到20世纪80年代末，日本的东芝、

① Wintel联盟指微软与英特尔的联盟，自80年代开始主导全球PC（个人计算机）市场。

日立和NEC成为全球半导体行业的前三强，摩托罗拉、英特尔和得州仪器反倒排在了第四到六位。这时大量的半导体企业向亚洲地区迁移，很多人都预计硅谷将像钢铁业衰落之后的匹兹堡、汽车业开始走下坡路以后的底特律一样陷入衰败。

如果彼时的里根或者布什总统的眼界同特朗普总统一样，要求这些半导体企业不能迁往亚洲，而必须留在美国以满足美国就业，那么今天我们看到的，将还是类似匹兹堡的钢铁厂和底特律的汽车生产线一样的半导体工厂，那么还会有硅谷的第二、三阶段吗？

软价值挤压硬价值

设想如果有一天，硬财富中的软价值突然消失了，那硬财富将经历一个令人惊讶的退化过程。

首先，那些打动我们情感、美感等精神因素的软财富消失了，硬财富将退化为各种各样的零配件的笨拙组装，各种各样的建筑将退化为一个个简单的钢筋水泥方盒子，汽车退化为金属壳加四个轮子的简单组合，电器也退化为一个个塑料盒，里面堆满了用电线连接起来的各种元器件……

其次，那些将原材料加工成元器件的人类思维活动也消失了，各种元器件将会还原为各种各样的原材料：钢铁、塑料、有色金属、木头……我们将不再有可用的硬财富产品。

最后，那些指导人类将地球资源加工成各种原材料的思维活动也消失了，原材料将退化到矿石、原油、原木，甚至完全退回山脉、荒地和森林，人类将回到蛮荒时代。

在硬财富中蕴含着一定的软价值，自古以来如此，只是随着科技、经济和社会的发展，这一比例在不断地上升，到了量子时代，软价值甚至可以大幅挤压硬价值，并占据主导地位。

有人做了个实验，把擅长喝上千元白酒的官员和富豪分别请到筵席上，提前把价值上千元的某种白酒装到一种几十元的廉价白酒瓶中，几乎所有人都不再夸耀它如何美味。为什么所谓价值千元的高端白酒在他们口中瞬间还原成“一口辣乎乎的东西”？酒的硬价值并没有变化，还是原来的酿造工艺，只是它所承载的软价值消失了，竟能带来如此巨大的变化。

在量子时代，将有越来越多的产品尽管以硬财富的面貌出现，但实际上主要承载的是软价值。我们看到，生产电视机的厂商已经日渐式微，而拥有大量视频资源的公司，却把电视机作为用户缴纳影视节目会员费的回馈赠品；只要你愿意为流量和通话时间付费，手机就可以免费赠予你……

当然，在“小霸王”“大哥大”作为一种创新产品被开发出来的时候，它们都曾经满足了人们对沟通、知识、便捷、多元的某种需求，但如果人们的这些需求被另外一些新的产品所代替，原有产品的软价值就会不断降低，硬价值所占比重逐渐提高，最终淡出人们的视野。

随着时代的进步和消费时尚的变化，名牌白酒也好，奢华香烟也罢，也许都会像“小霸王”“大哥大”一样不再是消费时尚，但是人们的交往、炫耀和自我实现的情感诉求将永远存在，软价值在硬财富中的作用也将越来越重要。

软硬价值的“八二定律”

同样是一瓶酒，为什么茅台的毛利润率远远高于一般的白酒？同样是汽车制造，为什么特斯拉的利润率远远高于底特律的汽车制造商？同样一部电影，为什么《阿凡达》的全球票房能够高达160多亿元，而耗资8000万元打造的《梦回金沙城》上映10天，票房却只有100多万元？单纯用成本加成的方法显然不能解释软价值形态。如果我们试着用“软价值系数”来描述一个商品或整个社会软价值所占的比例，就会发现尽管软价值正在成为量子时代的主要价值形态，但并不是所有的商品或社会中都有高比例的软价值。我们把一件商品中软价值所占的比例叫作商品的软价值系数，即

商品的软价值系数=软价值/商品总价值

在这里，选择部分代表性的商品，并引进标尺机制，以商品中的软价值比例来进行打分，软价值比例越高则分数越高，满分为10分，完全为硬价值即基本按生产成本来定价，附加值近乎为零的商品分数为零，从而得到大致的商品软价值系数，得到商品软价值标尺表，如图7.1所示。

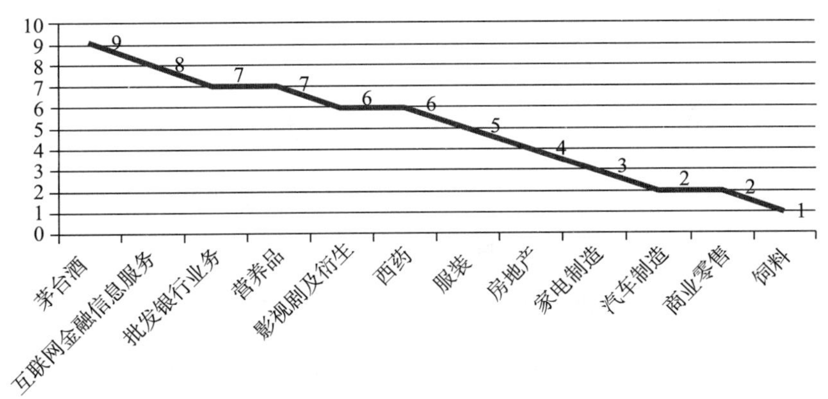

图7.1　商品的软价值系数

从图7.1还可以看到，越是富含科学技术含量，或带给消费者更多基本功能以外的良好消费体验的产品，其硬价值占比越小，软

价值占比越大，毛利率就越高，这些产品的价值就越接近于“二八定律”。茅台酒本身的生产成本比不高，所占比重还不到 20%，简单地说就是高粱、酒曲加蒸馏及其他基本工艺的成本，而软价值占了绝大部分，满足的是人们的软需求。

同样地，可口可乐的硬价值和软价值的比例也接近于 2∶8，遵循类似的“二八定律”。可口可乐公司的“彩带”标志被誉为当今世界最有价值、认知度最高的标志之一，人们在饮用可口可乐时不仅仅追求一种生理上的爽口体验，更获得了一种精神上的满足。可口可乐的视频广告更是随处可见，通过一段段针对性极强的短片，可口可乐将自己的产品与“面对和迎接挑战”“兄弟之间的戏谑和真情”“朋友间的分享”……联系在了一起。消费者在看到这些影片时，这些生活中的美好事物在心中激发的神经元同步放电模式，与碳酸饮料引发的冰爽体感、“没什么比这感觉更爽”的广告词，以及 Coca-Cola 标志紧紧联系在了一起，当消费者觉得需要喝点什么的时候，或者再度看到 Coca-Cola 标志的时候，很容易在大脑中再次激发起同样的神经元同步放电模式，感觉不仅是喝了一瓶饮料，而是参与到了国际化、时尚、运动、真情、激情的生活当中，这种互动关系才是可口可乐软价值不断发酵的主要秘诀。

而那些软价值创造能力较弱的行业，如家电、饲料等，以大规模、同质化加工创造硬价值，其毛利率自然就比较低。只有那些用昨天的理论来思考今天的人，那些停留在牛顿物理学、不了解量子理论的人，那些被传统价值理论束缚而看不到软价值的人，才会用两斤粮食的价值来衡量品牌白酒，用“药效”来衡量脑白金，或利用媒体优势攻击星巴克定价过高。

未来商品的价值不再完全取决于投入了多少硬价值成本，而更多地体现为如何通过给消费者带来更好的体验，如何赋予更多社交、文化、时尚、环保、品质等理念而带来的商品软价值系数提升。对企业而言，将软价值比例提高到80%以上的厂商，才能够在软价值时代潇洒地生存。

软硬财富的“八二定律”

在量子时代，不仅一个商品遵循“二八定律”，整个社会也发生着变化：像特斯拉、比特币、微信这样的软产品会越来越多，逐渐挤占以往汽车、家电、住房等硬产品的主流地位；像快捷、个性、时尚、文化、品牌这种软需求越来越多，逐渐挤占食物、水、睡眠、遮风挡雨这种基本生理需求的地位；像职业教育、世界名校公开课、付费直播、虚拟现实体验、旅游娱乐这种软消费越来越多；知识产业、信息产业、文化产业、金融产业和其他社会服务业在经济中的比重越来越大，这五大产业占到美国GDP的80%——世界已经变“软”了！

恩格尔系数用食品开支总额占个人消费支出总额的比重来描述一个国家的发展程度。到了量子时代，价值形态主要以软价值为主，一个社会的软价值发育程度，可以考虑“制造品支出系数”，即一个家庭总支出中，制造业硬产品所占的比重。“制造品支出系数”越高，说明该社会经济越不发达，人们为满足精神需求所支出的软价值消费比重越小；反之，“制造品支出系数”越低，则意味着家庭软价值消费支出越多，经济越发达；或者说全社会的软价值系数越高，经济越发达。

社会的软价值系数＝1－制造品支出系数

在量子时代，“社会的软价值系数”将替代过时的“恩格尔系数”。可以想象，随着经济的发展，全社会软价值系数的上升将是必然趋势，就像恩格尔系数的不断下降一样。

从长期的历史趋势来看，人们获得制造品将越来越容易——就像在种子、化肥和农业机械化的作用下，美国只有不到总人口 1%的人从事农业生产，却能生产出占世界总产量 1/5 的粮食——未来，也只需很小比例的人口从事制造业，就可以满足人们对制造品的需要。

未来人们将有越来越多的闲暇时间用于知识、信息、文化和娱乐等活动。从旅游业、电影票房、音乐下载量、视频浏览量、视频网站付费会员收入等数据都可以看出这种趋势已经非常明显。比如，高速互联网、人工智能和虚拟现实等技术，将极大地拓展人类的文化娱乐活动空间，人们不仅在任何时间和地点都可以看电影、看演出，而且可以身临其境地看比赛、逛博物馆……

值得一提的是，尽管人们花在制造品上的费用占比在下降，但是人们所消费的制造品“品质”并没有下降。随着智能制造技术的普及，传统制造业的生产效率还将进一步提高，成本也将进一步下降。

软价值：全球经济新范式

美国在知识、文化、信息、金融等几大软价值领域，具有全球领先的优势，因此它将在很长时间内担任软价值变革的领军国家。而特朗普想让制造业回到美国，“我们将让苹果在美国生产自己的电脑，而不是在其他国家”，这无疑是在走回头路、开倒车，与软价值革命的大潮流逆流而行。

根据世界银行的数据，美国的服务业增加值占GDP的比重，在1960年就已经超过了60%，此后一直保持上升势头，2014年达到78%。从另一个角度来说，美国已经进入软价值时代，80%以上的价值和财富创造依靠人的创造性思维活动来实现。在这样的情况下，再通过税收和贸易政策去扶持硬价值的生产，以解决美国国内的就业问题，就像让一个已经拥有熟练技艺的人重新拿起锄头去种田一样。

回顾历史，任何一个国家，发展到工业时代之后，如果再回到以农业为主的价值创造模式，那必定是一场巨大的经济危机和灾难。以南美洲的阿根廷为例，在20世纪60年代以前，阿根廷的工业化曾经取得了相当可观的成绩，能制造喷气机和大型舰艇，已经在研发自己的运载火箭准备发射卫星，能把汽车和其他工业品销往世界各地，阿根廷比索和美元的比价是1∶1，当时人们认为阿根廷已经有一只脚迈入了发达国家的行列。但是一系列的社会和经济政策失误，导致今天阿根廷工业大大衰落，不得不再次依靠牛肉和葡萄酒等农产品出口作为主要收入来源，这个曾经浪漫的南美国度，甚至在发展中国家都算不上第一梯队了。

如果我们将眼光放得更长远些，就会看到在早期的美国经济中，大部分具有影响力的是那些石油、钢铁、铁路行业的企业。1896年首次发布的道琼斯工业指数的成分股，绝大部分都是硬财富制造企业，甚至有不少还是农产品加工企业，如美国棉花油制造公司、美国糖类公司、美国烟草公司等。而在经过了100多年的发展之后，最初的成分企业中仅有通用电气一家公司依然存在于道琼斯工业指数成分企业中（其业务也已经大大“软化”了），其余公司或是被兼并收购，或是难逃申请破产的命运。随着经济的发展与社会的进步，新的产业与企业不断涌现，在最新的道琼斯工业指数成分股中，我们可以明显看出过去传统硬财富制造企业比例大幅降低，那些创造和销售软财富的金融企业、信息传媒企业、文化娱乐企业、知识和教育企业、服务企业等软企业已经成为成分股公司的主流。

而到了软价值时代，全球首富榜单上的面孔不再是钢铁大王或石油大亨，像洛克菲勒、卡内基、范德比尔特等，而是比尔·盖茨、拉里·佩奇、谢尔盖·布林、沃伦·巴菲特、乔治·索罗斯等创造软价值的领袖。软价值改变了商品的价值结构，原材料等硬件的价值还会进一步萎缩，满足人们精神需求的社交、娱乐、知识、信息等产品和服务，将成为人们未来消费的主体，未来各种信息经济、知识经济、文化经济、服务经济的比重将会越来越大，成为经济的主引擎……这是全球经济的大趋势，一种新的经济范式——软价值已经登上世界舞台，并且正在开启一个新的时代！

第二节　社会组织方式的软性变革

伴随着人类进入量子时代和软价值时代，我们的社会生产方式、制造模式、社会组织方式、生活方式等方方面面都在发生深刻的变革，正在逐渐形成新的社会经济和生活形态。

软价值所需要的社会组织方式

在加拿大安大略省，杰克的父亲经营着一个 300 公顷的农场，却只雇用了两名工人，在大多数时间里，他可以通过卫星遥感、无人机、传感器和摄像头监控作物的生长情况，奶牛饲养已经实现了自动化，机器人可以按照监测到的数据给奶牛提供配方饲料并在无菌条件下挤奶。如今他已经和一些志趣相投的农场主一起组成了一个小型的协会组织，共同采购农资和农具，并在网上销售自己农场生产的牛肉和牛奶。

杰克的母亲是一名心理咨询师，在网上主持一个心理咨询师培训机构，平时主要靠视频通话来完成教学和沟通，也需要到多伦多参加线下的培训和咨询任务。至于家务，基本的购物都可以由智能冰箱提交购物清单，经她确认后自动完成。

杰克在第一次创业后，已经将自己的软件公司卖给了脸书，现在他不仅在继续做大数据方面的算法研究，也成为一名天使投资人，投资了几家初创的科技公司，不仅为它们提供资金支持，还为它们提供创业和经营的指导。杰克还在继续和自己的研究生导师保持联系，经常讨论一些在研究中遇到的问题。

杰克夫人虽然仍在那个社区俱乐部工作，工作却更加繁忙，自从搭建了开放的网络线上俱乐部，不仅从早到晚都有各种各样“线上”联系信息，“线下”活动也比以前更多了。

大女儿刚刚从商学院毕业，居然也不去大公司或政府部门某个职务，而是依靠给人教钢琴和少量的积蓄在各国金融市场投资和交易，过着轻松自在的生活。

只有读高中的小儿子仍然早出晚归，但是据说和杰克小时候的学习内容已经有了天壤之别——除了词汇和语言，所有能够随时搜索到的知识都不再需要背诵，老师甚至把以前杰克需要全部背诵的数学公式、化学元素表、历史时间和事件等考试题目大部分当成题干列出来，而只是让孩子们从不同角度进行分析。几乎每天晚上，一家人都在讨论各自喜欢的视频、笑话、电影、歌剧、地球另一面的投资机会，以及下一个旅游计划……

软价值时代，工作从传统企业变成了一个个看上去更轻松的工作平台；生活增加了更多线上和线下的俱乐部；人们不再需要时时刻刻面对面，就可以随时交流全球的资金和信息；人们摆脱了空间的约束，摆脱了太多知识的负担，从而享受到了更多的自由。

村庄和农户是农业时代的特定生产和生活组织模式，工厂和企业是工业时代的必然选择，而软价值时代的组织方式，已经开始发生深刻的变化。

量子时代的软企业

在硬财富的鼎盛时代，社会生产的典型组织模式是一座座工厂、车间、流水线——作为把资本、资源、技术、劳动、管理等要素聚集到一起的典型社会组织方式，硬企业曾经为全球经济的迅猛增长做出了不可磨灭的贡献。

在软价值时代，不仅企业的生产与资本组织分离，生产过程与技术、研发、管理也越来越分离，一批批工厂开始逐渐从近现代城市迁移出去。当硬财富制造部分搬迁而去，留在现代城市的企业更多的是软性的金融、管理、设计、贸易和资源调配功能。

随着互联网通信技术的发展，很多金融、管理、设计、贸易和资源调配的功能可以完全不必通过聚集办公和面对面会议来解决。当上述企业活动可以通过实时视频等现代通信的方式随时沟通完成时，企业的物理价值就越来越小，很多现代企业的真实形态变为一个个开放的平台。

软企业不仅包括知识产业、信息产业、文化产业、金融产业和其他服务业的企业，也包括那些以技术、品牌、渠道、资金、管理优势为核心的软性制造企业。软企业虽然也有固定的办公场所和固定的岗位，但是对员工的现场约束较少，而创造要求较多；员工现场组织在一起的更多意义在于促进团队合作、促进相互学习交流，而有时候这种学习交流通过非现场的形式也能实现。

软企业除了租来的办公场所和廉价的电脑设备之外，几乎没有多少硬资产，却具有较大的软价值。无论是微软、谷歌、苹果等科技类软企业，还是传媒集团、时代华纳公司等传媒、娱乐类企业，私立学校和歌剧院等文化教育类企业，抑或是花旗、高盛等金融类企业，都只消耗很少的地球硬资源，而更多地依靠人类智力和科学技术和资本的投入，创造各种形态的软价值。像默克这样的制药公司，其核心资产就是那些实验室，以及各种品牌和专利，并没有庞大的生产制造车间。甚至连耐克公司这样的制鞋商，其核心资产也只剩下品牌文化、款式、设计、专利、销售渠道，等等，而硬制造环节全部外包给其他国家的生产商。

随着企业资产和企业组织形式的逐渐软化，很多软企业越来越开放，越来越像一个开放的平台，通过一个标准化、品牌化的平台承载体，把各种生产要素迅速组织起来，形成社会资源的有效配置。

“软性就业”替代“硬就业”

与硬企业相对应的就业模式就是“硬就业”，即在特定时间与空间内实现劳动力的集中生产和作业过程。在硬就业情况下，个人要么被束缚在固定的生产线上，要么受制于劳动合同的契约安排，紧密地依附于企业组织之下；企业通过严格的流程管理和业绩考核来组织人、财、物的生产和销售。在硬财富时代的社会化大生产模式下，劳动者一旦失业离开了生产线，个体通常没有任何单独创造财富的能力，因而失业通常意味着生活来源的中断。

在硬价值主导的经济中，失业问题往往让整个经济陷入恶性循环，并带来严重的社会问题。从经济方面而言，失业率上升必然带来消费低迷和企业投资信心不足，消费下滑和投资下滑，进而陷入恶性循环。从社会影响而言，大部分失业者都会很快陷入财务危机和心理恐慌，并且被排斥在任何社会组织之外，大量的失业必然造成社区和社会的不稳定。

硬就业依赖的不仅是企业和家庭的关系，也是整个社会的头等大事，面对失业率上升，即便是主张自由市场经济的政府通常也不会袖手旁观，有的通过社会福利制度帮助失业者，有的通过扩张性的财政和货币政策增加就业机会，还有的主张减少每周工作时间来增加失业者的就业机会。

然而，随着软企业对硬企业的替代，传统的硬就业模式也开始被新的“软性就业”模式替代。

所谓“软性就业”，就是顺应软价值的人才创造力规律，打破固定时间、固定场所的限制，实现弹性就业的财富创造过程。与“朝九晚五”、固定厂房、固定办公桌式的硬就业依赖不同，在以信息经济、文化经济、知识经济、服务经济、金融经济为主导的软价值时代，就业的自身含义正在发生巨大的变化。

“斜杠青年”

“斜杠青年”是美国专栏作家麦瑞克·阿尔伯撰写的书籍《双重职业》中提出的一个概念“Slash”的意译，指的是一群不再满足于“专一职业”的生活方式，而选择拥有多重职业和身份的多元生活的人群。Slash 在英文中有斜线的含义，指英文键盘上的“/”符号，它可以将一个人的不同身份区分开来，如杰克，天使投资人/软件专家/人像摄影师；冯唐，作家/诗人/企业高管。

这种软就业方式可以最大限度地发挥个人的才能和热情，让有能力的“Slash”自由游走于各种不同的职业与身份之间，同时可以在“跨界”中寻找新的灵感和机会。

信息产业是软性就业发展最快的领域。由于通信技术的不断发展，远程交互协作类的工作不断成熟，以计算机网络为依托，大量的工作内容从现实中被移到了网络互联环境中，从而创造出了大量的新型的就业岗位——坐在家中电脑前工作的“软性就业”者越来越多——“软性就业”创造出了大量新的就业领域，如网店客服、网店评价专员、游戏策划师等。据中国就业促进会的研究报告《推进网络创业促进就业》显示，中国互联网经济每年累计创造的软性就业岗位超过1000万个。随着信息技术的进步和网络生态系统的扩张，各种新型行业需求还会创造出更多新型软就业。软就业不仅更节省社会成本、促进社会分工，还将对人类的生产和生活组织方式产生深远的影响。

在律师、设计师、演员、模特、作家等文化软产业领域，“软就业”本来就是主流的就业形势，上述从业者并不按照传统“朝九晚五”的刚性制度安排工作，而是选择最适合促进自身创造力的软财富“生产”模式。无论选择个体工作室、合伙人工作室，还是任何传统或创新的工作模式，都改变不了其个体分散工作、个体创作的本质特点。

在教育、传媒、新闻、出版、科研等知识产业，软性就业的趋势也日益凸显。无论是孩子和成人的家庭教育、网络课程的教授、记者和编辑从传统媒体到自媒体的个体自由采写和创作，还是设计、课题外包等形态，“软性就业”都最有效率。不懂得上述软价值创造规律的管理者，硬性要求上述人员按照“朝九晚五”、固定办公桌的模式集中工作，有时候不仅增加了企业的运行成本，还降低了知识产业的工作效率。而一些掌握上述规律的知识工作者，只承担较低的人工成本就可以找到大批合作者，以“软性就业”的合作方式产出巨大的知识软财富。

还有金融行业的私人银行顾问、并购咨询顾问、产业咨询和财务顾问、保险经纪人，等等，越来越多的人开始放弃枯燥的上班族生活，选择软性就业，既能提高收入和生活质量，也能降低不必要的工作成本。

最后，在销售外包、服务外包、物流配送、私人保健、家政服务、体育教练等很多行业的专业人士也都开始选择软性就业，在保证收入不减少的同时，还能获得较大的工作自由度。

激发充分潜能

【案例】威客模式

威客模式是利用互联网进行知识管理的网络创新模式。Witkey和威客这两个词都为中国首创。此概念最先由刘锋在中国科学院研究生院提出。2005 年，刘锋开始建立威客网（witkey. com），试图将中国科学院的专家资源、科技成果与企业的科技难题对接起来。在建设网站的过程中，刘锋发现通过互联网解决问题并让解决者获取报酬是互联网一个全新的领域，于是他开始通过边实践边总结的方式对这个领域进行探讨和研究，并因此提出威客模式。

威客模式可以体现为一种灵活的就业方式。其打破了地域、时间、工作方式的限制，通过互联网把世界各地的工作者放在同一平台中。给劳动者提供公平竞争的互联网环境，带来更多自由工作时间、创意和想法。可以利用威客模式平台上千万威客的知识、智慧、技能、经验为企业提供低成本高质量的服务。这个过程可以通过悬赏广播式和威客地图的网络式两种形式实现。[①]

就像威客一样，在很多软企业，管理者不仅抛弃了传统的“泰

---

① 根据百度百科词条“威客”相关内容编写。

勒制”流程作业，甚至也在企业内部抛弃了传统的上下班打卡、办公场所固定统一的管理模式，而是采取类似于谷歌公司那样的人性化管理——不仅在工作时间管理上有足够的弹性，甚至工作场所也非标准化，让员工在公司内部尽量营造环境的舒适化、自由化、生活化、俱乐部化的软性工作氛围，最大限度地激发员工的潜能。

可以想象，在不久的未来，即便是硬财富制造行业的工人也不一定要辛苦地每天在机器设备前进行体力劳动，取而代之的是在家中通过远程控制来操纵智能化的生产机器设备，办公室的文员更可以根据生产要求精准出席，甚至通过网络会议和网络办公系统进行日常的工作——在降低成本的同时提高工作效率。

“软性就业”和“充分潜能”正在逐步替代“硬就业”，成为现代家庭、企业和国家全新的经济管理追求的目标。那么，企业如何利用“软雇佣”降低成本？个人如何通过“软就业”提高工作效率和生活质量？国家如何重新认识就业和失业的各项指标的真正含义，如何促进软性就业，发现、培养、激发每个人的“充分潜能”？

第三节　软价值，新社会

硅谷的硬环境与软环境

在地理学家的眼中，硅谷只是一个再平凡不过的谷地，横向不足10公里，纵深也不过50公里，在地图上根本找不到“硅谷”的字样。这里的景色令风光旅行者略感失落，建筑普通，很少能看到高楼大厦，但诞生了谷歌、脸书等一些创新的企业，几乎每一个想改变世界的企业都指向了同一个坐标——到底是什么造就了唯一的“硅谷”？学、研、产的斯坦福生态链条、1/3的美国风险投资、化平凡为神奇的创新文化、专利保护体系、人力资源的虹吸战略……硅谷的“魔力”并不在于硬环境，而在于软环境。

斯坦福大学和很多硅谷公司对于员工利用业余时间搞发明创造的做法并没有严格的管理，而是采取宽松甚至鼓励的态度。员工如果取得成果要离开学校或者公司创业，甚至还能得到学校或者老东家的支持。而传统的通信企业AT&T对于职务发明有严格的规定，只要与AT&T的雇佣合同没有解除，那么这位员工所有的发明创造产权都属于公司，而且对这条规定严格执行。以至于有人调侃说，AT&T的员工在度假时躺在沙滩上想到一条改进面包烤炉的办法，产权都是AT&T的！

表面上看，AT&T的做法保护了企业的利益，但实际上打击甚至扼杀了员工创造的积极性，使得AT&T逐渐成为一个创新不足、行动迟缓的恐龙级企业；而斯坦福大学和硅谷公司的做法，看起来让学校和企业的利益受损，但实际上鼓励员工创新创业，对学校来说培育了大量的成功校友，使得斯坦福大学的名誉和财力（通过成功校友的捐献）都得以大大提升；而对于硅谷的公司来说，对这些分出去创业的员工给予支持，实际上是在对未来可能的创新方向进行前期投资。如果创新成功，这些老东家还可以通过收购将创新公司吸收进来，这对本企业的发展大有裨益。

这就是软环境差异对软价值创造带来的截然不同的结果的一个明显例证。

语言和文化也是软环境，由于英语的普及，以及很多人类优秀科研成果以英语为表现形式，讲英语本身就成了一种竞争优势，尤其在计算机程序编写等方面体现得尤为明显。几乎目前所有吸引移民的地区，如美国、加拿大、澳大利亚、新西兰、新加坡等都是英语国家。

人们的道德观念也是影响软价值创造的重要因素。有些观念，例如，单纯强调对企业忠诚，在软价值时代就成了束缚创新的障碍。在日本，企业实行年功序列制，员工从大学毕业就可以在一家大公司、大商社一直干到退休，整个社会的氛围都不鼓励跳槽、创业。在以制造业硬财富为主的时代，这让日本取得了全球第二大经济体的辉煌成绩，日本制造也一度成为优良品质的代名词；但是到了软价值时代，这种将“电子”牢牢束缚在一个能级的道德观念，却成为束缚日本继续发展的绳索。在互联网业界，没有一家日本企业成为全球巨擘，几乎都没有稍有名气的软件公司。

但是在硅谷，自从著名的“八个叛徒”从仙童半导体公司出走，以英特尔公司作为开始，有想法的员工离开原来的公司跳槽、创业就成为这片土地的通行规则，甚至出现了加州政府因为苹果、谷歌、英特尔和 Adobe 四家公司互相不挖墙脚而起诉它们的“奇闻”，原因就是地方政府要推动和促进各公司之间的人才流动，防止人力资源僵化、板结，阻碍创新之路。

当然，法律治安环境、税收水平、金融服务、教育服务、医疗服务等基础服务环境都是软环境的核心构成要素。如果一个地区治安环境差、税收水平高、金融抑制、教育和医疗服务质量低，不但会影响软价值创造，甚至会造成掌握软资源的人口持续逃离。

去中心化与开放、平等、共享

比特币自从被一名自称为“中本聪”的加密爱好者创建以来，目前已经在全球拥有成千上万的支持者和拥护者。而区块链技术作为一个非集中的、分散式的电子分类账，能够追踪记录谁拥有多少比特币，进而由世界各地所有的比特币用户共同维护。

汇丰银行分析师安东·托内夫（Anton Tonev）和戴维·荷西（Davy Jose）表示：“区块链提供了一个局部的、迄今为止最优的解决方案：如何在分散的系统中验证信任。这就意味着，区块链本质上解决了传统依赖于第三方——中心化机构的问题，因为这个协议不只满足了中心化机构追踪交易的需求，还使陌生人之间产生信任。区块链的技术和安全的过程使陌生人之间在没有被信任的第三方时产生信任。”比特币的出现和区块链技术也使金融将进入一个加密货币时代，去中心化在技术层面成为可能。

而目前很多以中央计划为主导的财富创造方式，实际上是硬价值时代的一种传统硬权力体系。这种硬权力体系，以官员职务高低、企业行政体系中职级的高下、家庭中辈分的长幼为核心，让职务越高的人拥有越多的资源调动权力，并承担更多责任。这种集权式的企业和国家管理体制，是与牛顿时代机械论、决定论和还原论的思维方式相统一的。然而，与中央计划经济的垂直结构、中央集权、自上而下的管理体制不同，软价值时代的社会组织模式更多的是扁平化、开放化、去中心化。

软价值的创造方式是分散的，它主要依靠人类的思维活动来实现。正如我们不能要求作家、画家每天上班产出作品，我们也不能要求高级的程序员、设计师按时按点提出具有创造性的创意和思路。在这种生产方式下，由一个自上而下的权力系统来组织生产和社会活动是没有意义的，而是更多地由分散的软价值创造者在互联网等信息系统的组织下，独立地开展工作，并进行必要的协作。

互联网和新兴通信技术的发展，使每个地区、每个人都可以与中枢神经系统彼此相连，进入全球性的社交空间和新的领域之中。这种去等级化、去中心化、去权力化的信息传播方式，使传统的中央计划不再占有优势信息资源，更不可能像计划经济决策机制一样把“看文件”和“传达会议精神”都作为权利的象征。凡是有全球网络接入权利的人，都具有同样的信息获取权，因此全球互联网的接入成为“软权利”的起点。

去中心化、平等化和分散化的互联网平台上，每个人都具有同样的创造和销售知识产品、信息产品、文化产品、金融产品和服务产品的“软权利”——在硬财富世界发育、成熟起来的品牌、专利、知识产权等，在开放的互联网平台同样受到尊重和保护。不过，与食物、汽车等硬财富的专享性不同，很多软财富和软权利也具有更多开放性和共享性的特点。比如，博客、微博、微信公众账号、自媒体平台等，失去了开放性和共享性，也就失去了其存在的价值。

软价值，新社会

在软价值时代，人和人之间的关系既不像农业时代那样围绕土地展开，也不像工业社会那样围绕工厂和企业展开，而是以软资源为核心而展开。

人和生产要素的关系不再等同于人和土地的关系，或者人类和地球资源的关系。知识、信息、技术、文化、资金、创意、产权等作为新的财富源泉，成为软价值时代争夺的焦点。网络、平台、社区、俱乐部将成为新的生产方式、生活方式和新的社会组织形态。

软价值时代是平台经济时代，软价值创造不再依赖固定的工厂或传统的企业，但离不开特定的平台。在软价值时代，没有平台的人，就如同农业社会脱离了村庄的离群索居者，或者工业社会游离在企业组织之外的流浪汉。

软价值社会是平台社会，每个人都必须能够创造平台、依托平台或成为若干平台上的一个环节，否则他将无法创造软价值，或者无法让其创造的软价值进入社会。

软价值时代是网络经济时代，不仅软价值的生产要素（信息、创意、资金、产权、文化等）主要依靠网络传输，而且软价值时代的社会生活就是网络生活，每个人的存在形式都是处在无数个网络的终端，软价值社会就是网络社会。

每个人的生活和财富创造都依托于特定的互联网社区或俱乐部，

软价值社会是互联网社会和俱乐部社会。区别于地理上的村庄或社区，软价值时代的社区和俱乐部更多地依靠文化上的纽带把人们聚集起来，在文化上有认同感的人群逐渐聚集到一个个不同的居住社区。此外，除了超越居所的传统文化社区，比如，同学会、同乡会、文艺组织、健康休闲俱乐部、体育俱乐部、交友俱乐部之外，网络社区更是大行其道——脸书、推特、天涯社区、QQ 群、微信群、贴吧……甚至比物理上的社区更加重要。在软价值主导的社区俱乐部时代，人们的生产生活不但不再依赖传统的村庄、居住小区或企业，甚至在互联网社区和俱乐部时代，任何企业如果不具有互联网社区和俱乐部的性质，其本身就会失去吸引力；任何物理上的居所或小区，如果不具有社区和俱乐部的特征，也会失去吸引力。

在以开放、平等、去中心化、共享为特点的软价值时代，每个人都可以参与到全球软价值创造和销售中，每个人既是软产品的提供者，也是软价值的消费者；任何人都可以创造软资源，并且因为创造和拥有足够资源而掌握“软权利”；由于彻底打破了固化的空间与传统的生产与消费概念，全球任何人都可能与另一个人交互在一起，共同完成软价值的创造，并瞬间完成软价值的交易和传输，共享软价值带来的精神愉悦——每个人都在交互中提供并享受着软权利的快乐，家庭如此、城市如此、国家如此，全球亦是如此。正如英国有一位诗人约翰·多恩在《沉思录》中所说：“谁都不是一座孤岛自成一体……任何人的死亡都使我受到损失，因为我包孕在人类之中。”

第四节　软价值的风险管理

软价值时代：基本物质生活通常是“风险中性”的

与硬价值时代的宏观经济风险不同，软价值时代的风险不是来自制造业硬产品的销售波动，出现通货膨胀甚至失业，而是软价值波动影响人们的精神需求。在常规波动范围内，由于价值波动风险集中在软价值领域，其对人们的衣、食、住、行等日常生理需求影响并不大。

比如，一场《卡门》歌剧的门票价格通常为几百元，一些非常重要的观看区域可以卖到几千元甚至更高的价格，但是歌剧的繁荣与衰落并不影响人们的基本生活。同样地，当一场明星演唱会的票价炒高几倍或无人问津时，并不影响人们生理上的温饱或冷暖。

软价值时代的风险与传统经济周期风险的最大不同在于：软价值时代的周期性宏观风险既不会像农业社会的周期性粮食危机一样是致命的，也不会像工业社会的周期性通胀和衰退一样会迅速影响人们的生活乃至社会稳定，它所影响的首先是中产以上家庭的心理感受，只要不无限制地传播就不会影响基本物质生活。

软价值时代，基本物质生活通常是“风险中性”的，这并不意味着软价值风险不会向硬价值领域扩散，但影响已不像硬财富时代那样严重。2008年爆发的金融危机，尽管“消灭”了华尔街五大投行中的三家，但实际上对美国自身的影响是较为有限的，这在很大程度上是因为美国硬产业占比已经很低，融资模式也以资本市场直接融资为主。但如果硬产业还占据相当大的比重，且高度依赖银行间接融资来进行，一旦银行出现系统性的风险，就会存在向硬价值领域传染和扩散的可能性。

控制参与群体，“富人分担风险”

“美国次贷危机”使全球金融市场剧烈震荡，金融机构倒闭、股市暴跌、房地产崩盘，最终演化为“全球金融风暴”。美国的次级按揭贷款，损失最严重的都是金融机构和富人，不仅如此，为美国分担上述风险的还有全球各地的金融机构，包括中国香港、中国台湾，以及中国大陆的投资公司。显然，让富人分担风险，实际上是美国次贷危机得以化解的主要原因。

同样地，说到名画收藏，对那些花费千万甚至上亿元的价格购买并收藏名画的人而言，他们的衣食住行需求显然早已得到满足。所以哪怕这些人以上亿元的价格购买的名画下跌到千万元，他们也能承受。

中国金融监管部门把很多信托产品的认购起点定位在100万元的做法，也曾遭到批评。批评者认为，很多信托类产品的收益高达10%以上，而储蓄不足百万元的家庭却只能获得很低的定期储蓄利率。显然，这与前述信托产品是否为风险资产有关，如果全部是“刚性兑付”，的确应该让中低收入者参与；反之，当有一天“刚性兑付”被打破，上述大额投资者“流血”的时候，恐怕批评者就能理解适当控制软价值参与群体的意义了。从软价值的心理效用、风险波动及其影响来看，中低收入群体的确应谨慎参与软价值的投资或投机，以免影响自身的稳定生活。

软价值本身就是那些基本生理需求满足之后的人群寻求精神需求满足的对象，其价值波动又十分剧烈，因此对于那些中等收入以下的家庭，最好不要把太多的家庭财产投入其中。而在财务上已经远远摆脱了基本生活需求苦恼的中产以上家庭，大部分能够适应软价值的波动，能够从中得到精神满足，也能够承担相关风险。软价值参与群体不仅要控制，还要分散。不能把所有的风险都集中在一个或少数几个主体身上。金融领域类似于“大而不能倒”定律，实际上就是因为金融机构把足够大的参与群体吸引进来共担风险，进而使自身安全得到保障。

防止软价值创造的“断层风险”

对于一幅名画或一个古董等文化产品，如果除了创作者之外，只有少量参与者能够增加它的软价值，大部分欣赏者不参与软价值的创造而仅仅是传播，就没有持续的文化吸引力和持续增长的参与群体，可能会导致软价值萎缩。

中国的孔子学院在传播过程中与美国语言、文化的传播有哪些不同呢？显然，美国的文化产品，如迪士尼、美国电影等，其创造传播过程相对开放且可持续，因为世界各地的年轻人不断地参与进来，而衍生出新的认知群体，显得更具有活力和吸引力。如果每一个参与者都参与软价值创造，提高认知群体广度，而不仅仅是传播，那么新的参与者加入将增加软价值。在这样的背景下，参与者越多、参与群体广度越大，软价值增值就越快。

正如电子、质子、光子等微观粒子在正常温度下的高速运动是可持续的，一旦运动速度超过了正常的范围，物质就会升温、燃烧直到变异为其他物质。软价值的运动规律与其相似，在群体性认知不稳定的社会中，一种文化活动、文化产品，一种奢侈品牌，一种生活和消费方式，一种信息软件，一种金融产品，都可能短时间内在不断扩大的人群中传播。正常认知传播，可以提升它们的价值；而一旦走向类似于“传销”的热度，或阶段性、过热速度传播，严重背离了可持续的存在认知承受度，有可能造成群体认知的瓦解，进而导致软价值传播缺乏可持续性，出现“断层风险”。

所以，任何一种软价值的传播都不应该超越自身所蕴含的能量，为了避免过快传播而导致软价值的蒸发、异化或变形，应该提升软价值的可持续性，让更多的人参与到软价值创造的过程中，并不断赋予它新的故事和文化内涵，“让软价值可持续地发酵”。

防止群体认知大幅波动的过度冲击

从2010年到2015年，中国的文玩市场呈爆发式发展，崖柏、朱砂原石等珠串从鲜有人问津，到一件《飞龙在天》的崖柏作品标价3.8亿元人民币，着实令人惊叹。然而2016年中国文玩市场在经历野蛮生长之后，狂热的投资者似乎瞬间进入了冷静期。部分金丝楠木、黄花梨制品的价格甚至比2015年峰值下跌70%以上。

文玩市场出现的狂热炒作和遭遇寒冬的两极分化现象，除了受到宏观经济的影响，更重要的是反映了人们思维的非连续变化，导致价格剧烈波动。非理性认知对于软价值的过度冲击在金融市场上反映得尤为明显。

“比特币”刚流行时，有人曾支付很多个“比特币”购买一个比萨，然而在2016年10月一个比特币上涨到6000多元人民币，后因个别国家央行的干预很快又暴跌回至2000元左右。2017年最高上涨到20000元人民币以上，之后又快速回落，反映的都是人们对其软价值认识的变化。

无论是以房地产证券化和股票为代表的传统金融软价值，利率、汇率等要素金融软价值，还是以各种金融衍生品为代表的现代金融软价值，都会产生剧烈的价格波动——这种价格波动在一定的波幅、频率和运动区间内是可以接受的，若超出一定的波动幅度、频率和波动区间，认知就容易呈现出非理性的特征，进而可能造成系统的混乱和不稳定甚至崩溃。

在硬价值时代，由于价格围绕生产成本上下波动，以生产成本为锚，相对固定可测。而在软价值时代，软产品定价受到群体认知的影响，更容易导致软产品的价格出现暴涨暴跌或超涨超跌。

如何防止发生非理性认知下的过度反应，导致软价值剧烈波动，引起“踩踏”风险，是软价值时代宏观风险管理的重要课题。

防止“伪软价值”的欺诈

在硬价值领域，如果一个企业卖的是一吨煤，而它给客户或者按两吨的价格，或者夸大它的热量，那么该企业的行为属于商业欺诈。同样地，在软价值领域，在文玩收藏市场上将克数较小的蜜蜡加工成克数较大的蜜蜡，进而提升价格，这并不是提升软价值的有效投入，而是以假乱真的商业欺诈。

2016年中国国家自然科学基金委员会召开通报会，中国作者有117篇学术论文被英国现代生物、斯普林格、爱思唯尔、自然等国际出版集团集中撤稿，其中甚至还有些是科学基金资助的项目。经过调查发现，这些被集中撤稿的论文都是委托第三方中介机构进行

“润色”的，更严重的是，部分论文完全通过论文代写的灰色产业链请人代为撰写和投稿，这显然不是学术的软价值创造，而是抄袭和学术造假的“伪软价值”。

对于知识、文化、信息、金融和其他服务产品，可以通过选择多元的传播通道、设计多样化的利益分配方式提升传播群体广度，也可以通过主动营造气氛、引导舆论、引发话题等互动方式，引发共鸣，提升软价值乘数。但与此同时，当软价值逐渐成为经济领域的主要价值形态之后，需要防止那些没有软价值有效投入因子的欺骗者，打着软价值的旗号，将一些毫无人类思维活动含量的“伪软价值”推销给消费者，这是与硬价值时代销售假冒伪劣产品一样的“忽悠”，甚至可以说是一种犯罪行为。

软产品的多元化传播需要有一个法律和道德尺度。一家网络机构发起的微博抽样调查结果显示，在所有受访网友中，92%的网友称自己收到过垃圾短信和骚扰电话，64%的网友表示自己经常收到。影响人们正常生活的骚扰电话、垃圾短信以及楼道里的“牛皮癣”，不是扩大认知群体广度的价值创造，应及时采取措施予以清理。[①] 同样地，未经当事人授权使用或者出卖客户信息，采取胁迫、引诱的方式来实现传销活动，都是“伪软价值”，甚至属于违法行为。

在一些电影的营销中，也出现了制片方、发行方串通院线，用买票房的方式，人为制造传播群体广度很大的假象，一方面吸引不了解内情的观众观影，另一方面甚至可以通过票房成功的虚假消息在相关股票上获利，这显然也不属于软价值创造。

① 数据来源于2013年1月360互联网安全中心发布的《2012年中国垃圾短信、骚扰电话治理报告》。

同时，必须严格划清提升软价值乘数与虚假宣传的界限。无论是通过培育软环境提升有效投入、通过广告等宣传方式扩大认知群体广度，还是通过互动、共鸣、明星代言等提升软价值乘数，都需要在合理、合法、适度的范围内进行。如果将仿品宣传为真品，不真实地强调产品的稀缺性来获取更高的价格，或者夸大产品的性能、用途或者制作成分，用“包治百病”等宣传语误导消费者等，则不能说是提高软价值乘数，而是虚假宣传。

类似的现象还有在网播剧的推广上制造虚假点击量，在直播软件中虚报粉丝数量、伪造打赏金额，来吸引裹挟普通用户关注和消费，这种貌似在提升传播群体广度的手段，背后没有创造性思维和技能性活动的支撑，也是一种“伪软价值”。

可见，增加有效投入、扩大认知群体广度、提升软价值乘数能够创造软价值，但不是所有的投入、所有扩大参与群体、所有对于群体认知的影响都属于软价值创造。像侵犯著作权、学术造假、以次充好等试图提升产品或服务内在价值的投入，不会增加有效投入因子，不是软价值创造；通过霸王条款、传销、泄露客户信息、骚扰电话等试图扩大宣传广度的方式，也不属于提升软价值的认知群体广度的创造；而虚假宣传、编造故事、评论造假等误导消费者的宣传，更不是软价值创造。

防止过度金融化

2011 年，中国兴起了几个“文化产权交易所”，居然把价格高昂的名家字画分拆成千万元甚至上亿元的份额，“让普通百姓也参与投资”，结果被当局勒令关闭。显然，把没有现金流产生的名画包装成金融产品，是违背最基本的金融原理的；与一个上市企业不同，一幅字画也不可能每天发生故事来支持频繁的交易；更可怕的是，通过分拆份额吸引那些生活在基本保障边缘的人参与软财富的买卖，更是酝酿社会风险之举。这是一种不可持续的有害创新，违背了软价值的基本规律。

软价值的实现方式是多种多样的，可以是非对称的、弯曲的、分段的、立体的，但需要遵循其内在的规律和原理。然而在软价值发展初期，很多人不了解软价值的实现方式，容易采取金融化的方式来实现其软价值。

金融本身能够提高资金的配置效率，对其他产业的发展提供必要的资本积累，但过度金融化不仅不能提升资金的配置效率，还有可能形成“泡沫”。应从制度上建立健全文化、娱乐市场的风险控制机制，加强金融领域的风险监测，防止将不适当的产品进行金融化包装。比如，把那些没有现金流的书画作品包装成份额化金融产品进行交易；又如，为了抬高价格，通过拍卖等方式进行自买自卖、对敲等制造虚假价格。对于具备金融特征的文化投资基金等，要监督其建立损失分担机制和风险对冲机制，确保不引发并扩大社会风险。

软价值早已改变了世界，并且正在颠覆旧的经济和价值构架，在软价值时代，需要重新认识经济风险，以便更好地驾驭风险。

第八章　软价值战略

第一节　家庭软价值战略

在软价值时代，每一个家庭只有掌握了软价值创造和流动的规律，在家庭教育、职业选择、资产配置等各方面制定符合自身实际的软价值战略，才能过上更好的生活。

培育家庭软价值因子

在软价值时代，创造性思维和技能性活动成为价值创造的主要来源，每个家庭只有根据软价值创造的原理，打造新的软价值因子，才能摆脱“勤劳但不富有”的境况。

软价值因子主要包括知识类软要素，如版权、专利、软件著作权等；文化类软要素，如艺术品、古玩、文物等；金融类软要素，如股票、基金、期权等。越来越多的人已经意识到，更重要的软价值要素是创造和运用以上这些要素的能力。例如，创作文化艺术作品获得版权的能力、发现和鉴别艺术品升值潜力的能力、从事金融投资的能力，等等。

在软价值时代，那些能够将自己的某种能力转化为软产品的人，往往能够在价值创造上先人一步。

【案例】李笑来的财富自由之路

被称为中国比特币投资第一人的李笑来曾经撰文阐述自己的财富自由之路。

李笑来曾经尝试过很多种生财之道，不但未能致富，甚至有过好几次清零甚至负债的经历。直到在新东方从事英语培训工作期间，李笑来写了自己的第一本书：《TOEFL 核心词汇 21 天突破》（2005 年）。李笑来说："这本书的版税，除了第一个半年的，我压根没有动过。后来的版税直接转到我已经故意丢掉的卡上，密码当时是胡乱输入的，所以忘记了。出版社每年往那张卡里转两次账，每次都会给我发一封邮件，但我也从来没细看过。这本书我的版税率是 11%，也就是说，一本售价 29 元的书，我大概能收入 3 元人民币。它畅销了 10 年，还在继续卖，销量稳定。"

这本书成为畅销、常销书后，李笑来又出版了《TOEFL iBT 高分作文》（2007 年）和《把时间当作朋友》（2009 年）。据李笑来透露，现在他个人的日常开支都基本上来自这两本书的稿费。

从此李笑来摆脱了生存焦虑，开始探索其他的商业机会，用他的话说就是"不务正业"。在 2011 年，李笑来发现了比特币的投资机会，从开始尝试性买入，到自己动手"挖矿"，最终成为中国持有比特币最多的人之一，从中也获得了巨额的财富。

正如上文所述，李笑来在成为一位比特币投资人之前，已经通过自己的两本英语学习方法的著作，获得了长期稳定的版税收入。

一位手艺出色的烘焙爱好者，如果只是在家做点心，只能和亲朋好友分享自己的作品，创造的软价值是非常有限的，而当他通过在线视频为网友提供烘焙教学时，他就成功地把自己的能力转化成了软产品，由此收入也将大大提高。

而一名高中物理教师，如果将他的授课转化成在线产品，他的收入将是普通教师的十几倍之多，这也是将能力转化为软产品的成功范例。

选择软价值职业

软价值时代，在企业要素报酬分配中，知识型的管理层和工作人员正在挤压资本家的利润，于是加德纳发现做出色的股票经纪人比推销员能获得更高的报酬收入；在产业利润分配过程中，那些拥有品牌和定价权的知识、技术型、品牌型企业、渠道网络型企业不断挤压制造业厂商的利润——软要素和软资源的拥有者成为财富标志性职业。

与农业生态财富和传统制造工业时代不同，软价值创造已经摆脱了土地和自然资源的束缚，从人们的思维世界产生。所以软要素和软资源当仁不让地具有越来越多的报酬获取能力。比如，资本家可以用计件工资、计时工资、“泰勒制”来监管工人的生产线，却不可能用同样的办法来监督管理知识型人才的艺术创作、软件写作、创意、金融资产的定价与买卖等软价值生产活动。相反，那些拥有创意、创作能力、技术和管理专长的经营者却可以轻而易举地从金融市场获得资本。

在国外，最著名的两档创投类真人秀节目当属美国 ABC 电视台的《鲨鱼缸》和英国 BBC 电视台的《龙穴》，《鲨鱼缸》节目中的一款 platetopper 食物保鲜盒以其柔软、价廉、节省空间等不同于以往同类产品的创意设计与独特性受到投资人的青睐，以 9 万美元售出 8%的股份，成功发展壮大并将产品销往世界各地。

参加节目的创业者其实都是在售卖自己的一些展示性很高、新奇而迎合市场需求的专利、创意、设计甚至仅仅是一个想法，以此类软价值入股并以此吸引创业投资、出让部分股份、获得启动资金，取得更大的盈利和发展空间。因此在软价值领域，资本只能逐渐沦为技术拥有者和企业管理经营的附属品。最终，在软价值时代，拥有资本的人只能按照资本的供求关系获得平均的资本报酬；拥有土地的人获得地租；一般劳动者获得平均工资——财富的剩余索取权属于那些拥有软价值创造能力的技术精英、管理精英、设计类人才等。

软价值时代的教育与消费

前不久，“清华女学霸转做游戏主播”的新闻引发了热议。新闻的主人公石某是某年某地高考理科状元，本科就读于清华大学建筑系，研究生则在北京大学深造。毕业后，她没有像其他同学那样从事建筑工作，而是做起了游戏主播，在某网络直播平台获得了 109 万人的关注，在新浪微博拥有 90 万名粉丝，用独特的方式实现了自身的软价值。

走进大英博物馆，经常能看到老师或家长带着很多可爱的小学生参观。在家长、老师的简单解释后，孩子趴在地上用纸板一边相互交流，一边写写画画。纸板上有打印好的材料，需要孩子通过参观来回答问题，或描绘未完成的部分展品图。在轻松快乐的参观过程中，孩子听得认真、看得认真、画得认真，研究问题的创造性思维、文化艺术修养、兴趣的培育自然就更有成效。

“学好数理化，走遍天下都不怕”的年代逐渐过去，软价值时代已经开始。过去教育中强调的泰勒公式、阿基米德定律等，更多地服务于硬财富的生产制造。但除了学习这些知识，家长更应该去研究一下《哈利·波特》的作者J. K. 罗琳、科比·布莱恩特、施瓦辛格——到底是什么样的家庭、什么样的教育、什么样的文化，把那些珍贵的软要素凑齐到这些人身上？

在软价值时代，人们消费时不但越来越多地重视舒适、快乐的精神享受，对于提升软价值创造能力的教育性消费也逐渐增多。其中，最明显的当属网络教育方面的消费。现在，越来越多的人愿意为在线英语课程、设计视频教程、数字图书馆资料等知识产品付费；网上的一些教育社区，只要能提供特定领域的专业资料和在线辅导，也就无须担心没有用户付费。此外，我们付费后进行旅游、参观画展、欣赏话剧等活动时，也丰富我们的阅历，增加我们的知识，提升我们的文化素养，更能激发我们的创作灵感，有助于提升软价值创造能力。

由于软价值创造的因果可逆性，很多时候我们消费软产品的过程，也是获得快乐精神享受的过程，更是创造软财富的过程，如果能够对此有更深入的认识，可能为我们提供新的家庭财富源泉。比如，从小喜欢打游戏的石某毕业后专职做游戏直播，可以一边痛快地玩游戏，一边进行游戏的直播解说，同时也为自己赚取可观的收入，何乐而不为？

随着直播、问答等分享性社交的兴起，这种“边消费、边赚钱”的模式将来可能还有更大的发展空间。例如，现在已经出现了旅游直播，如果你喜欢旅游，有能力挖掘出景点的精彩之处，或者能玩出花样，那么你可以边玩边直播，获得观众的“打赏”收入。

面向软价值时代，教育应该重视创造性思维、文化素养和认知过程的快乐感受。没有快乐的学习过程，没有兴趣爱好的知识，不但不是享受，而且创造不出有吸引力的文化软价值，当然更不用说“边消费、边赚钱”来进行软价值创造了。除了大英博物馆中的小学生教育，无论是绘画、唱歌，还是文学创作、乐器演奏，抑或是游戏直播、视频教程，都必须通过“一边学习、一边创造、一边交流”的快乐认知过程才能被创造出来。

第二节　企业软价值转型战略

向软产业转型

作为手机的发明者，摩托罗拉曾经风靡一时，这家公司非常重视技术——它提出的铱星计划现在来看都非常超前，这个野心勃勃却脱离市场的计划，成了拖垮摩托罗拉的大包袱之一；与此同时，摩托罗拉的设计人员，还常常看不上诺基亚和三星的做法——“它们换一个机壳或者颜色就算一款新手机？”①殊不知，这才是软价值时代的正确做法。

被谷歌收购以后，摩托罗拉的员工才看到了自己的局限：“摩托罗拉的理念完全是以产品为导向的，看重技术的精益求精和工艺的耐用性，对市场需求的反应慢。而诺基亚成功的关键是以市场需求为重，它认为手机是快速消费品，不断推出外形设计小巧便携，操作简便易用的产品。”

而GE是一个相反的例子，从20世纪50年代到80年代，GE这家身形巨大的企业“越做越软”，从大型机械、军工产品、电力设备、原子能，逐步向金融、广播电视、医疗保健等软行业成功转型，

---

① 吴军著. 浪潮之巅[M]. 北京：人民邮电出版社，2016.

成为跨国公司学习的榜样。

美国联邦储备委员会前主席格林斯潘曾经说，美国的GDP变轻了，当代美国的GDP比50年前增加了5倍，但GDP的物质重量并没有增加。显然，他说GDP变轻，背后的原因就是信息、文化、知识、金融，以及其他服务业等软产业所占GDP比例越来越大。

在硬价值时代，以钢铁、机械、化工等为代表的重化工业和纺织等轻工业在工业革命的推动下主导全球经济，以生产“重、厚、长”的硬产品为主，造就了一批富可敌国的垄断巨头；在软价值时代，各行各业的价值重心都在逐渐向产品所包含的信息、知识、文化、金融、服务等软要素转移，每件产品的软价值含量都大幅提高并远超硬价值，产品定价也更多地从软价值出发，产业结构正逐渐软化。在产业结构软化的大趋势下，如何向软产业转型呢？

软企业之道：满足精神需求

爽歪歪、营养快线、非常可乐曾是很多人童年的记忆，而如今走进任何一家便利店，能看到的娃哈哈产品却寥寥无几。娃哈哈曾是20世纪90年代风靡一时的饮料生产企业，近年却遭遇了发展的瓶颈。这是为什么呢？

一位身边的年轻人在谈到娃哈哈时，有些恨铁不成钢地说：“娃哈哈真的太土了。”这个回答从一定程度上反映了娃哈哈进入低谷的原因：如果仅仅重视饮食类产品的硬价值，而忽视附加更多的文化、休闲、炫耀等软价值，那么生产商的收入和利润是有限的。

事实上，饮料产品本身是没有软价值的。同样是饮料，可口可乐创立于1886年，到现在经历了一百多年的历史，仍然带有年轻、激情、时尚的标志，而娃哈哈自1987年开始创业，至今不过三十年，比可口可乐年轻约一百岁的娃哈哈，为什么已经被认为“老土”了呢？

问题的关键在于，这一百多年来，可口可乐始终坚持将自己与当代最时尚、新潮的事物和生活方式相联系，始终赋予自身活力，保持年轻、时尚、朝气蓬勃的形象，甚至将自己塑造成一种美国精神的代表。通过更换包装、明星代言、投入广告、赞助比赛等方式，可口可乐让年轻消费者获得了口感等物理感受之外的心理满足，对消费者产生了巨大的吸引力，并最终影响购买行为。此时，可口可乐已经不仅是一种饮料，而是一种附加了丰富软价值内涵的软产品。

而娃哈哈则过于强调营养、口感，在广告宣传上也过于强调民族、乡土等特色，而忽视了饮料的最大消费人群——年轻人的精神需要，以致今天被“90后”认为“太土了”。

连媒体都这样评价娃哈哈：“不仅仅是口味，包括产品的名字、性格、包装设计等都属于产品开发的一部分，而这一部分变得越来越重要，它直接关乎是否能让消费者产生情感上的认同感。但这样基于消费者洞察的产品开发能力显然是娃哈哈最缺失的。”①

软价值的重心，既不在于存量硬资产，也不在于当期收益流量，而在于一些新的软要素，这将对转型企业构成哪些观念上的挑战，又将带来哪些新的风险？显然，面对向软价值时代进化的过程中心的商业机会和风险，很多企业人士还是懵懵懂懂。

如果我们分析可口可乐与娃哈哈的成本费用结构一定会发现，可口可乐用于软价值创造的开支比例一定远远高于娃哈哈，这就是发生在企业内的软硬博弈。

---

① 界面新闻：娃哈哈帝国为何陨落，http://www.jiemian.com/article/1273746.html。

在美国，微软、甲骨文、亚马逊、谷歌等企业的管理者和知识劳动者在短短几十年甚至几年内财富就超过了福特、通用、克莱斯勒等企业的股东，其中微软董事长比尔·盖茨的个人财产近500亿美元，当通用汽车等公司挣扎在经营困难和财务危机的时候，微软公司在全世界78个国家开展业务，员工数超过5万人。还有脸书的扎克伯格、谷歌的佩奇和布林、特斯拉的总裁马斯克，都凭借自己的知识和管理成为价值的占有者。

在中国，一批新的科技和管理型富豪迅速崛起，阿里巴巴的马云、百度的李彦宏、腾讯的马化腾、分众传媒公司的江南春，等等，都迅速积累起千百亿元以上的身家，成为软价值创造的标志性财富人物。

所以，向软企业转型，首先要致力于满足人们的精神需求。

耐克是“娱乐行业”吗

喜爱篮球运动的读者都知道，空中飞人（Air Jordan）系列篮球鞋是耐克最成功的运动鞋品牌。1985年，耐克签约当时还是新人的迈克尔·乔丹，作为产品形象代言人，随即推出了第一代空中飞人运动鞋。随着乔丹在球场上的出色表现，这款产品也成为众多球迷追捧的明星产品，定价65美元的运动鞋在不到一年的时间里销售收入即突破1亿美元，后来耐克还开发了一系列的空中飞人球鞋，都成为运动鞋市场上的标杆产品。

如果你去参观耐克的全球总部，一定会觉得自己走进的是一个郊野公园、纪念馆、体育场和实验室的混合体，丝毫看不出来这是全球最大的运动鞋生产商。这里几乎看不到任何与运动鞋制造相关的东西，但是能感受到浓浓的体育氛围、设计氛围和科研氛围。

耐克公司总是在市场推广过程中表现出自己是一家充满活力的公司，每一款鞋都充满诱惑，每一个营销广告都诠释了人们现在正在做什么、他们的兴趣在哪里，而耐克也非常荣幸地满足了人们当初所有的构想。

耐克和“空中飞人”系列产品之所以发展得如此成功，是因为它的管理层很早就有这样的认识：“我们所处的并不是鞋子这一行业，而是娱乐行业。”①

提高产品软价值含量

为什么耐克的 CEO 奈特认为耐克是一家身处娱乐行业的公司？因为他深知能够购买 65 美元一双的球鞋的消费者，会非常注重情感层面的体验和满足。让这些消费者的头脑感到满意，和让他们的脚感到满意一样重要，甚至更重要。把消费者购买的篮球鞋和在赛场上表现越来越好的迈克尔·乔丹紧紧地联系起来，让运动鞋的消费具备更多的娱乐性，这就让“空中飞人”产品摆脱了运动鞋的硬产品局限，成为一款娱乐产品。

类似地，英国传统品牌 Burberry（博柏利）目前仅保留了设计部门在英国本土，而把加工流程全部移至中国和越南。一件成本 200 元人民币的 Burberry 衬衫，贴上 Burberry 品牌标签后，在中国专柜售价 3500 元人民币，但人们仍趋之若鹜。

一件普通的、成本也是 30 美元的衬衫，最多能卖到 50 美元，而 Burberry 衬衫为什么能卖到 500 多美元？一般消费者也许会含糊

① 在 20 世纪 70 年代中期的一次行业会议的公开演讲中，耐克创始人菲尔·奈特指出：“我们所处的并不是鞋子这一行业，而是娱乐行业。”并认为这是他的营销计划与其他计划的重要区别。

其词地说是品牌不同，那品牌背后的价值又是什么呢？

这个差距就来自有效投入因子、传播群体广度和软价值乘数。软价值时代的企业家，必须掌握如何增加软产品的有效投入因子，如何扩大传播群体广度，尤其是如何提升产品的软价值乘数。掌握了这些规律，就能让你的读者、观众、消费者来帮你创造价值，达到事半功倍之效。

软价值的核心既不在于硬成本，也不在于产品的物理功能，而在于有效投入因子、传播群体广度和软价值乘数。

福特汽车公司曾经通过简单而廉价的 T 形车占据了美国汽车消费市场的半壁江山，当时这款车的流行主要是因为良好的性能和低廉的价格，这在硬价值时代毫无疑问的是人们衡量商品竞争力的主要标准。

为了集中精力打造成本优势，福特对 T 形车进行大规模的生产，同时坚持 T 形车只有一种颜色——黑色。当硬产品供给能力不断增长时，人们从硬产品中获得的满足感越来越少，硬产品的价值也随之降低。到了 20 世纪五六十年代，汽车在美国已经越来越普及，人们对汽车物理性能的需求已经得到满足，并开始更关注汽车的颜色、外观等能够彰显个性的要素。此时，其主要竞争对手通用汽车公司开始在汽车颜色、设计上下功夫，并先后设立了凯迪拉克、别克、雪佛兰等不同风格的品牌，分别满足了不同消费者的需求。

由于消费者愿意为满足彰显自己独特个性的产品支付更高的价格，结果通用汽车利用多元化品牌打造实现了反超，而忽略消费者多元化软需求理念的黑色福特 T 形车最终被市场所淘汰。通用汽车的做法就是在硬产品上附加了更多的软价值，用来满足人们对美观、时尚、地位、身份识别（文化认同、阶层分辨、个性炫耀）等精神需求，提高了产品的软价值含量。

而现在的那些豪华汽车的设计者和生产者更进一步认识到软价值和核心竞争力之所在，甚至给那些豪华汽车重新定义：它们都是流水线型的艺术品，主要用来满足审美和炫耀的需求，只不过它们跟交通工具的功能有重合而已。

在软价值时代，商品的价值也可以分为商品本身的“硬价值”和满足人们精神需求的“软价值”，而随着人们生活水平的日益提高，商品中能够被消费者认知的软价值的含量高低决定了企业的利润水平的高低和发展空间的大小。此外，企业家必须认识到附加软价值后的产品价格不具备可比性，因为有不同精神需求的消费者对其的认知不同，所以价格也不同。

更重要的是软资产

依靠研发和持续的全球营销投入，耐克逐渐造就了其巨大的品牌价值，形成了硬财富制造业的“软资产和轻资产运营模式”，耐克公司的核心资产只剩下品牌文化、款式设计、专利等，而硬制造环节全部外包给其他国家的硬财富生产商。

20 世纪 80 年代，耐克开始推行“软资产运营”模式。首先以产品研发为核心，放弃了产业链附加值较低的制造环节。耐克公司在 1980 年成立了研发实验室，由生化及生理学研究专家组成，口号是“用生化和生理学来解释人类的活动”。从 1995 年开始，耐克公司每年拿出 5000 万美元作为技术研发与产品开发费用，从生物力学、工程技术、工业设计、化学、生理学等多个角度对产品进行研究。公司还设立了研究委员会和顾客委员会，聘请教练员、运动员、设备经营人、足病专家和整形专家等，共同审核各种设计方案、材料，以求根据人体工程学改进运动鞋的设计。一旦形成产品研发方面的不可复制的优势，制造业环节完全可以委托其他厂商代为加工。

类似地，制药公司默克的核心资产就是那些实验室，以及各种品牌和专利，而并没有庞大的生产制造车间。

硬财富时代，企业主要依赖硬资产创造价值。软价值时代，企业要想获得可持续发展必须向耐克学习，靠新技术、自有品牌、管理模式、传播渠道等软资产，扩大产品的有效投入，甚至构建领先的资源整合平台或俱乐部，软资产一旦具备了稀缺性、不易复制、难以替代、扩张成本低等特性，其资产估值就会远远超出其成本投入和物质存在，企业的股价往往会水涨船高，甚至在销售额和利润产生之前就提前体现出巨大的价值。

毫无疑问，软资产、轻资产运营模式改变了传统的以过度依赖重资产或硬资产为代表的传统硬财富生产模式和资产扩张模式，不但投入周期短、流程再造快，而且很容易在当期直接转化为资本市场市值。

软资产和轻资产运营模式是知识经济、信息经济、文化经济、金融经济和服务经济的必然选择，是一种以软价值为驱动的新经营战略。依托于特定的知识、信息、文化、金融或服务技能优势，通过良好的管理系统平台，以软资产模式扩张，可以获得更快的增长速度和更高的赢利能力。

一家制药企业，可以将更多的资源投入厂房、设备，也可以投入科研人员招募和实验室；一家电影制片公司，可以将更多的资金用于布景、服装、道具、特效，也可以用于剧本、导演、演员以及发行营销；在软价值时代，将更多的资源用于硬要素、硬资源的企业，将会像娃哈哈一样逐渐失去软价值的支撑而在竞争中落后；而将更多资源用于软要素、软资源的企业，将会像可口可乐一样在软价值的帮助下如虎添翼。

在软价值时代我们会看到，在企业内部，软价值的创造将决定企业的发展，软价值占的比重将越来越高，投入在软价值创造上的资源将越来越多，流向软价值创造部门的收入也将越来越多，成功企业将在软硬博弈中脱颖而出。

第三节 企业软价值创造战略

“生产性思维”转向“创造性思维”

说到富士康、英业达公司，你能想到什么？大片的生产用地、一排排的厂房和生产设备、一眼望不到边的流水线、数十万的加工工人……

而说到谷歌公司呢？位于美国加州的谷歌公司被称为硅谷的“AAA级景点”，工作环境轻松、自由、活泼。工程师可以带娃上班，累了可以在室内打乒乓球、台球，或去室外来一场足球或沙滩排球赛，也可以在沙发上睡觉，甚至可以遛狗。

谈到美国好莱坞，你又能想到什么呢？明媚的自然风景、充足的光线和适宜的气候，环球影城里有丰富的拍摄场景、特效技术，为电影拍摄提供了极大的便利。这里聚集了索尼影业、迪士尼、华纳等众多顶级电影公司，成为美国电影的中心。

在生产性思维下，像富士康这种硬财富生产，其核心资产是土地、厂房、设备和生产线。成品库存随时变化是其生命力的表现，资金的周转和人员的投入是生产必不可少的环节，对石油和矿产等原材料供给的依赖更是不可或缺。

这些厂商不仅要获得利润，而且要想方设法地获取最大利润。

只有这样才能逐渐发展壮大，否则只能徘徊在维持生产甚至亏损的边缘，所以最大限度地降低生产成本，提高产量和销售量，以获得最多的利润。比如，厂房选址往往会选择水陆交通便利、物流廉价的地点，以降低原材料运输成本，方便产品外运销售；建厂时会更倾向于原材料丰富的地区，由此原材料采购成本才得以大幅降低；同时，厂房周边还应该是劳动力密集、廉价的地区，这样人工投入会更低廉；此外，大面积的廉价土地和厂房也是重要的选址因素，这样更方便组织生产线。因此，这种企业对土地、原材料、劳动力、厂房等生产成本的每一点儿变化都极其敏感。

与富士康不同，谷歌、摩根士丹利等公司没有大规模机器厂房，没有固定的办公室，也几乎不消耗任何自然资源，而主要依靠人们富有创造性的灵感、思维，却能创造巨大的软价值，进而创造更多的财富。

宜人的自然风光、舒适的工作环境、创造性的文化氛围、自由的工作时间都能极大地激发人的创造性思维，打破软价值创造的时间、空间限制，丰富软价值的创造方式。进入软价值时代，企业家必须抛弃传统制造业的生产性思维，尽快向软价值时代的创造性思维转变，提供优越的软环境，吸引具有创造性思维的人，运用创造性思维和技能性活动，使产品侧重于满足消费者的精神需求，将企业中最主要的财富创造方式由硬价值制造转变为软价值创造。

精准开发软需求

一度在中国中小县城老年人中流行的保健品“脑白金”，据说其成分不但成本低，技术含量也低，那为什么它能卖出高于成本很多倍的价格呢？脑白金何以成功？

一个比较熟悉“脑白金”的购买者曾经这么回答：“这东西有漂亮的包装设计，天天在电视上做广告宣传，名气很大。其实买了它我们也不是自己吃，都是为了送人，说明白点，它是不是‘补品’我们不知道，我就知道它是‘礼品’。”

脑白金的阶段性成功在于，它是一个能够精准开发人们软需求的高手。脑白金盯上的不是现代城市人群，而是县域的老人。他准确地把握了这些老人的生活状态、精神状态，以及他们企盼儿女孝敬的炫耀心理，成功地打造了一种让那些孩子不断买来满足这些老人潜在心理需求的礼品。通过连续多年的精准广告轰炸，“脑白金”在一定阶段长销不衰，而一旦过了那个特定阶段，就很少有人需要这个层次的礼品了。

在开发电子游戏《征途》的过程中，史玉柱更是把开发人们心理需求的本领发挥到了极致。史玉柱说，假如他要在游戏中体现游泳的价值，他会首先设计一项任务，让你不断地跑很远的路，绕过桥上的各种障碍，去河对岸完成这项任务。当你一次又一次地付出各种努力、心理疲惫的时候，他再告诉你：可以游泳——此时游泳这项技能就显得极有价值。

传统经济学一般把经济人、理性人作为需求分析的唯一认知模式，而在软价值时代，客户的需求大部分体现在非生产性、非物质性的精神领域，具有更多的情感和心理反应特征，呈现多样化、个性化、细微化特点，企业要在这种情况下构建软价值体系，最重要的是对客户的软需求做出精准反应，提供深度符合用户需求、精准满足客户心理体验的软产品——精准预见与挖掘精神需求是企业创新的重点。

事实上，所谓的精准挖掘客户软需求就是使软产品更大范围地引起受众群体的心理共鸣，提升其心理认知度。通过作用于有效投入因子、软价值乘数两个变量，使软需求分别实现算术级、指数级增长，从而使软价值得到更迅速的放大。

特斯拉更是精准开发软需求的高手。充电时间、速度等并不是特斯拉唯一的卖点，每一款特斯拉汽车都是一件艺术品，从外观到内饰，都是让使用者陶醉的艺术品——只不过这件艺术品不再是交通工具，而是与人们内心的环保、创新理念相吻合的电动交通工具。拥有一辆特斯拉，你就是环保、创新、艺术和效率的化身，还有什么比特斯拉更时髦、更尊贵呢?!

发现“理想黑体”

一般来说，一个有创造力的软企业，其创始人和领导者本身就是创造的天才，是量子理论中的理想黑体，如同苹果公司的乔布斯，谷歌的拉里·佩奇和谢尔盖·布林，IBM 的托马斯·沃森等，他们自身能不断吸收来自外界的“辐射”，并最大限度地创造出软价值的“热辐射”，从而影响整个企业、行业，甚至世界。如果说每个软企业的领导者都是一个理想黑体，那么每个伟大的软企业本身可以说是一个具有高质量、高密度的“奇点”，往往具备一种神奇的魔力，能够吸引具有创新能力的天才员工，并营造适合他们的氛围，让他们尽情发挥创造力——这就是物理学中致密“奇点”的“吸积”过程。

其实，不仅软企业需要核心人物作为自己的理想黑体，每款软价值产品也都需要找到能够吸收外界辐射，并最大限度地创造出软价值辐射的理想黑体。例如，2000 年，成立不久的阿里巴巴公司亟须扩大自身的知名度。当时还不太出名的马云，策划了“西湖论剑”这样一个会议产品，召集互联网业界的同人一起探讨中国互联网的发展。在第一次“西湖论剑”的会场上，马云请到了“大侠”金庸作为会议的核心人物，金大侠这个“理想黑体”一下子就吸引了新浪王志东、搜狐张朝阳、网易丁磊等重量级嘉宾和有分量的媒体，保证了会议的成功举办，也为阿里巴巴提高了知名度。

创新休息时间

为什么谷歌能够成为大量新科技的孵化器？为什么迪士尼能够源源不断地创造出广受欢迎的卡通新人物？为什么高盛能够在一次又一次金融风暴后屹立不倒？

就像在雨量充沛、气候湿热的南美才能生长出茂密的亚马逊雨林一样，在知识、信息、文化、金融和服务业软价值源源不断地涌流出来的成功企业，一定有适宜软价值创造的独特软环境。

对那些以发明创造见长的知识型企业来说，除了加大研发投入力度这种众所周知的诀窍以外，的确还有一些与生产型企业不同的特点。

宽松而鼓励创新的氛围是软企业所必需的环境。例如，3M 公司是一家著名的多元化企业，是财富 500 强中研发投入比例最高的公司之一，目前销售 55000 种不同种类的商品，其中包括计算机触摸屏、厨房清洁海绵、净水器、路灯、耐脏布、锂电池、假牙、胶带、药膏，以及防雾霾口罩。它最著名的文化特色就是不要求员工一天八小时专注于自己的工作，而是可以将 15%的时间用于琢磨新奇的想法——这被称为“灵活的关注策略”——唯一的要求是要与同事分享想法。3M 公司的另一个策略是横向共享，即鼓励不同领域的员工分享他们的知识，借此可以激发出有价值的灵感和想法。

这种灵活关注和横向分享策略给3M公司带来了丰厚的回报，在对公司高管进行的调查中，3M公司被认为是排名在苹果和谷歌之后的第三大创新公司，而且诞生不到五年的产品在3M公司的销售收入中占30%，由此可见3M公司的创新能力。

谷歌公司在模仿了3M公司的灵活关注策略后，提出了类似的"创新休息时间"计划，即允许工程师拿出20%的时间来研究自己喜欢的项目。这个项目也取得了很大的成功，邮箱服务（Gmail）、语音服务（Google Now）、谷歌新闻（Google News）、谷歌地图（Google Map）上的交通信息等，全都是那20%的时间的产物。据谷歌公司的一位高管估计，谷歌至少有50%的新产品来源于"创新休息时间"的思考。

鼓励不同领域之间的交流与合作，也会让软价值迸发的可能性增大。每个人都在自己的领域内掌握一定深度的知识和信息，但是限于自己的日常工作，并无法了解这些知识和信息在其他领域是否能够发挥作用。如果有机会与其他领域的专家分享自己的知识，他就有可能为他人带来新的灵感和机遇，也有可能从他人那里得到启发和支持。

著名的动画电影制作公司皮克斯工作室原本是一家制作电影特效的计算机技术公司。史蒂夫·乔布斯接手管理后，原本打算将技术人员、创作人员和管理人员分散在三栋楼中的办公室建造计划，改为所有人都在同一个巨大的办公空间里共同工作。乔布斯将自助餐厅、咖啡馆、礼品店甚至卫生间都设在这个大办公室的中间位置，这样所有人之间不期而遇的机会就大大增加了，人们在餐厅、咖啡馆或者就在过道里聊起来，也许有人认为这是浪费时间，但实际上很多好点子就是在这样的交流中诞生的。

软价值复制战略

在软价值时代，企业内部的文化、管理、技术等软要素一旦孵化成功，便可以在全球范围内实现低成本甚至无成本扩张，无论是一款产品、一项服务，还是一种商业模式，都可以迅速扩张到全国甚至全球，从而实现企业软价值的爆发式增长。

然而，一个企业要实现快速扩张，不论通过自我成长，还是通过连锁加盟店的模式，抑或是收购其他企业并加以改造，必须先长期孵化出可以用来扩张和复制的文化基础。麦当劳和肯德基的全球扩张，既是一种文化的扩张，也是一种软资源和商业模式的扩张。而如家连锁酒店在中国的成功，也遵循了同样的道理。那些加盟到如家连锁经营中的小旅店，首先从文化上乐于接受如家的管理改造，如家才能把这种标准化的服务复制到全国各地。

管理和技术作为软价值的主要投入要素，大部分是可以复制的。然而如果不具备这些软要素复制的文化基础，管理和技术的复制就难以成功，这就是软价值的相对性和参照系原理在起作用。为什么像优步等共享经济的商业模式在中国可以快速复制与扩张呢？因为中国人本质上已经接受甚至崇尚西方文化、西方管理，只要这些跨国公司把它们的管理模式和技术在适应中国市场的前提下复制过去，就可以获得比本地企业更强的竞争力。

也有因为不具备基本文化基础而在中国扩张失败的欧美企业，比如谷歌。这个公司从建立之初就把自由搜索作为其崇尚的文化，而在扩张到中国的时候完全不了解中国文化和中国人的价值观。如同在美国人们不宜讨论肤色一样，中国人也有自己的文化禁忌，比如不能让暴力、黄色内容在互联网上泛滥是文化上的共识。谷歌连一些基本的文化基础都不尊重，其软要素自然不具备在中国扩张的文化基础，其软价值复制战略受挫是必然的。

意外收入

当 iPhone5 上市以后，某歌手就曾在推特和 Instagram 网站平台上发布了一些与粉丝的合照，并附带与苹果摄像头相关的文字。虽然他只是分享了 iPhone5 的使用感受，但他是一位在全球年轻人中影响力巨大的年轻明星，几张照片和一句简单感受的文字表达对关注他的年轻人来说，无疑从主观心理上会产生极大的购买同款的欲望刺激。可想而知，他的一条推特带动了多少年轻粉丝群体的跟随购买。虽然他为苹果公司创造了产品之外的消费感受，但他的行为并非有偿代言，也就没有获得相应收入。事实上，名人的私人物品往往并非代言，却因其巨大影响力而受到粉丝群体的追捧，也就是说，这些明星等公众人物增加了群体性认知感受，但收入没有增加。

随着“明星同款”受到热捧的现象愈演愈烈，很多商家开始不仅通过请明星代言的方式创造软价值乘数，而且直接将产品免费提供给明星使用。通过明星的巨大影响力，增加产品的媒体曝光度，进而提高产品的群体认知度和对消费者的吸引力，往往也能像代言一样增加软价值乘数。

可见，虽然有些软价值乘数创造者不一定能在软价值创造过程中获得相应比例的收入分配，但如果软产品的生产者、认知群体创造者能够利用好这一方式，也能以较低的成本放大软价值乘数。

第四节　企业软价值经营战略

引导群体性认知，打造公众价值

从发布 iPhone3 开始，乔布斯就为苹果定下了一个不成文的规矩：每一次重大新品发布都要由公司的最高领导者举办风格独特的发布会。有人这样描述乔布斯在发布会上的魅力：

“没等他开口，只是穿着高领毛衣往台上一站，衬着深蓝色的 PPT 背景，已然让人敬之三分，观者皆忖‘这老头今天不知要介绍些什么厉害玩意儿’。随后他语调自带克制的激动，将新鲜设备与功能渐次铺开，每介绍一个‘重新定义’后，只需停歇两秒，观众席上便会爆发出热烈的掌声。有时候还不等他暗示，台下观众已按捺不住鼓掌，他便微笑着等待掌声停下后继续介绍手中的机器。最后的‘包袱’（One more thing）更是成为广为效仿的手法……”①

尽管乔布斯斯人已逝，这种发布会却已经成为互联网公司的必备技能。

为什么乔布斯要用这样的方式直接和消费者沟通呢？

---

① 吴垠. 学得来苹果的发布会，学不来乔布斯的孤独，http://www.ifanr.com/595392。

在多巴胺的作用下，大脑皮层网络可以不断适应新的外界刺激式样，形成新的接受模式，这种认知状态的改变，既可以由每个人按照自身状态调节，也可以受到外在因素的引导，乔布斯正是借助这种方式，用“主导者与跟随者的原理”娴熟地引导群体性认知，为苹果公司的产品打造公众价值。

软价值时代的商业模式不能简单理解为盈利模式，而应当理解为软价值创造模式。软价值的本质是满足人们的心理需要，因此，企业必须通过各种方式引导群体性认知，打造公众价值，然后才有可能建立盈利模式。

如果一辆汽车的最高时速是 100 公里，销售者把它夸大为 200 公里，那么这个销售商的行为就是欺骗。但是，如果一个画家说他的画作很好看，并给一幅画赋予种种故事情节，甚至召开研讨会来讨论、提升这幅画的价格，这显然不属于欺诈的范畴，而是在正常范围内对群体性认知的引导——倘若让足够大的认知群体都欣赏其中的故事情节，都在研讨会上理解这幅画的内涵，那么这幅画就不再是召开研讨会之前的那幅画，因为它带给观赏者、拥有者的软价值已经实实在在地提升了。

在传统制造业的世界，一件商品的价值也会发生波动，但这种波动最终是收敛的、是可计算的——任何夸大和欺诈造成的价格高估都会回到原点，任何严重的价值低估也必然会得到纠正。

在软价值领域，信心和人们的认知是软价值的基础和源泉，甚至是整个软价值系统的原动力和关键因素。因此，在软价值世界里，适当引导群体性认知不但是必要的，而且是软企业必须掌握的经营策略。对于不同类型的软价值，群体性认知的引导策略常常会有明显的差别。比如，一幅画的群体性认知，一件古董的群体性认知，一场演唱会的群体性认知，一个咨询和创意方案的群体性认知，一部电影的群体性认知……自然需要不同的组织方法。

例如，《钢铁侠 4》在中国大陆上演第一周，票房收入就超过了 10 亿元人民币，在中国的总票房收入有望超过 20 亿元人民币，而这部电影在美国本土的预测收入也不过 3 亿美元。显然，如此火爆的电影销售，不是由电影拍摄和制作过程决定的，而是由群体性认知决定的。没有能力引导群体性认知的电影制片人，即使他的电影拍摄得质量再好、投入成本再高，也只能望着《钢铁侠 4》的票房而兴叹。

关于打造公众价值，苹果和乔布斯无疑是做得最成功的企业和企业家。我们还可以看看硅谷中其他企业是如何引导群体认知，打造公共价值的。

谷歌公司作为一家成立时间不久的高科技企业，引导群体认知的主要方式是向公众展示自己的工作方式和价值观。成立不久，免费美食、免费按摩、可以在办公室健身甚至玩游戏等关于谷歌公司优越工作环境的各种说法就在网上流传；更进一步，谷歌让自己的管理方式和经营哲学成为外界兴趣的焦点，随着几部关于谷歌的著作畅销，谷歌"重新定义公司"的说法被外界接受。继苹果之后，谷歌成为全球创新创业企业的标杆和榜样，在消费者心目中的群体认知和公众形象被成功地树立了起来。

还有，"钢铁侠"托尼·史塔克本是美国漫威公司在 1963 年参照美国实业家霍华德·休斯创造出来的一个卡通人物，但是在 21 世纪，人们将钢铁侠更多地与埃隆·马斯克的名字联系在一起，这无疑也是一次非常成功的群体认知引导工程。

国内企业家中，我们经常能看到马云在各种论坛、会议上发表对电子商务、互联网以及新经济的观点，马云这样做，不仅是为了传播自己的观点，更重要的是在观众心目中建立起阿里巴巴的群体性认知，提高其软价值乘数。

任正非则是另外一个例子，我们很少听到任正非在公开场合发表演讲，他也很少接受媒体采访。但是这样一种低调的姿态，反而增加了任正非和华为公司的群体认知程度，大家都对他的观点高度赞扬，甚至在机场遇到任正非自己拉行李箱搭摆渡车时，都会有“粉丝”发现并拍照传播，成为一时的热点。另外，被很多管理界人士奉为金玉之言的最新“华为总裁办邮件”，如果华为不想让外界接触的话，我们又怎么能读到呢？

先有公众价值，再有盈利模式

无论是苹果、谷歌，还是阿里巴巴和华为的成功，其核心都是因为它们为公众提供某种服务或便利的有用性特征。在很长的投入期内，主导这些企业的是如何满足社会公众某方面的软需求，而不是如何快速赚钱。

以公众价值为导向，而不是刚起步就以商业为导向，是软企业创立阶段的共同特点。无论是对淘宝网，还是对新浪微博、腾讯微信、摩拜单车而言，人们在使用的时候常常会因为一直免费享受它们所提供的产品和服务而忘记它们是一家商业机构。

为了构建企业对公众服务的价值导向，成功的软企业都把它们的企业文化定义为类似于“如何把更好的产品和服务带给更多的人”“如何爱护我们的环境”“如何才能改善人们的生活质量”“如何让人们更好地交流”“如何让人们更方便地出行”…… 总之，只要成功地解决了上面任何一个问题，就能够拥有社会公众群体的使用，只要有了基本用户和流量，哪怕是免费的用户和流量，这个软企业就有了它存在的社会公众价值，而这种社会公众价值如何盈利，那是之后无须担心的事情。就像全球最大的汽车共享服务公司优步，它的公司使命不是为股东创造财富，也不是为员工提供发展机会，而是“人人随时可用像自来水一样可靠的交通”，当它高效地为城市里的人提供了超越传统出租车的交通服务时，自然创造了巨大的软价值，其估值已经超过600亿美元。

软价值的财富通道，站着哪些收费人

在中国的戏剧里，山贼强盗总是有这么一句好玩儿的台词——“此路是我开，此树是我栽，若从此路过，留下买路财”。显然，如果那路真是他们开的，那树真是他们栽的，收点儿“过路费”，跟现在的高速公路费、地方养路费并无区别。

同样，各行各业都有自己的必经之路，哪些企业能够在这条道上占据咽喉之地，财富便唾手可得，而且能最大限度地获取财富。唐宋以来，从京杭运河上的杭州、南京、扬州、济南，到连接丝绸之路的北京、包头、西安、兰州、敦煌、楼兰，再到连接地中海北岸的罗马、威尼斯、热那亚、佛罗伦萨，都因为占据主要商路的财富通道而获得了比其他城市更多的发展机会和税收。

在农业生态财富时代，那些占有土地资源的人其实也是占据了财富通道；在硬价值时代，那些占有矿产资源、稀缺资本、垄断技术、贸易通道的人，都是占据财富通道的收费人。甚至成千上万的专利技术也是各类传统制造业产品生产的财富通道。

而今，现代软价值经济的各个必经的通道处，都站着哪些“收费人”呢？

对于知识软价值而言，以往，各个学校、图书馆、实体书店就是它们的通道；现在，在线培训网站、网上书店、资料下载数据库、电子书阅读器等，成了知识软价值的新通道。

对于文化娱乐软价值而言，除了传统的院线、剧场、著名展览馆这些实体性通道之外，互联网上的视频网站、娱乐频道，手机里的音乐播放器软件、微信订阅号，甚至将来的 VR（虚拟现实）设备等，都是它们的必经通道。

对于信息软价值而言，除了传统的有线电视网、通信网、互联网之外，随着物联网技术的成熟，未来所有能连接物联网的物品，如汽车、冰箱等，都将成为信息通道。

在软件开发领域，数据库、应用软件都可能成为价值通道，互联网公司必须依赖某些数据库，财务人员必须依赖某些财务软件，搞艺术设计的人离不开作图软件，它们都成为软价值通道。

对于金融软价值而言，除了传统的交易所和银行网点，交易软件、手机银行软件，阿里的支付宝、腾讯的微信支付都是它们的通道……

腾讯微信已经是中国目前影响力最大的社交软件。微信不仅提供了人们进行社交的通道，而且成为生活服务、金融投资、交通出行等软产业的信息化通道。每月有近 9 亿活跃用户使用微信的各种功能，由此创造了巨大的软价值。腾讯作为通道的拥有者也获得了丰厚的软价值分配，截至 2016 年，仅广告收入就达 51.68 亿元人民币。

企业一旦占据了这些财富通道，就在软价值时代占尽了优势。尽管不断会有挑战者来抢“山头”、夺通道，但是先入和垄断优势并不是那么容易被取代的。

软价值通道的争夺战

在软价值时代，为了占据软价值的财富通道，软企业各显身手。

有的软企业通过新技术的应用，将资金流、信息流、知识产品、文化娱乐产品导入新的通道，同时通过知识产权、技术壁垒等方式，在尽可能长的时间内占据通道。例如，阿里巴巴通过支付宝，将人们日常消费的资金流导入自己的金融系统，再通过余额宝功能，将人们理财的资金流也纳入进来，从传统的银行业切出了很大一块蛋糕；腾讯微信开发的微信红包、微信零钱和微信理财也在很大程度上模仿了支付宝的理念。它们就是运用新技术创建财富通道的例子。又如，亚马逊在前期索尼等公司探索的基础上，应用 E-ink 技术，开发出一款名为 Kindle 的电子书产品，与其掌握的大量图书版权对接，成为目前最受欢迎的电子阅读工具，也成为知识产品的一个新通道。

有的软企业将原有的财富通道运用新技术加以改造升级。例如，电视机是传统的文化娱乐软产品通道，主要通过广电网络进行传输。在网络技术进步后，广电部门推出了自己的机顶盒产品，对电视机这一传统产品进行了一次升级，使其具备了初步的交互性和高清影像等功能。随后互联网公司也看中了电视在人们的娱乐中仍然具有相当大的价值，于是开始推出功能更多、交互性更强、节目片源更广的机顶盒产品，如小米盒子等。还有互联网娱乐公司开始直接改造电视机，生产出可以直接接入互联网的“超级电视”，力图将人们的时间吸引在自己的财富通道上。

浏览器软件是互联网的重要入口，是信息产品的关键通道之一，当年微软为了争夺这个通道，不惜惹上官司，也要用免费的 Internet Explorer 打败网景公司的导航者浏览器。不过，在浏览器市场 IE 一统江湖的局面下，也逐渐出现了一些挑战者，开始开发基本功能一致，但附加功能更多、使用者体验更好的浏览器产品，像谷歌开发了自己的 Chrome 浏览器，苹果有自己的 Safari 浏览器，还有独立公司开发的 Opera、Maxthon 等产品。国内各大互联网公司也都纷纷开发了自己的浏览器产品，并附加了抢票、儿童保护、多内核等功能，力图将上网者的流量导流到自己的产品上来。

变身软价值平台型企业

所谓软价值平台型企业（platform enterprise），不论是社会公众活动平台，还是信息阅读平台、信息发布平台、信息搜索平台、贸易平台、研发平台、创业平台，都有三个共同的内涵。一是拥有社会公众价值，能够提供娱乐交流、承载免费资源，吸引不同兴趣主体和利益主体的诉求；二是拥有资源嫁接、资源转换、资源拓展等功能，形成稳定的商业模式；三是具有可复制性，能够快速孵化。

当前已经有很多的软价值平台型企业。例如，淘宝为成千上万的卖家搭建了交易平台，优酷为无数的视频创作者搭建了播放平台，起点中文网为大量的网络作家搭建了创作平台，优步、滴滴出行为大量的私家车搭建了约车平台，等等。

软价值平台型企业的特点就是，平台的搭建者并不提供服务或内容，就像淘宝本身并不销售产品，优酷本身基本不上传视频资源，而起点中文网本身也不创作文学作品。它们搭建平台之后，以免费或极低的价格，吸引广大的社会力量来提供服务或者上传内容，平台成为这些服务或者内容的提供者（我们将其统称为“卖家”）相互竞争的舞台。

一方面，卖家本身通过自己的服务或者商品创造了一定的软价值，并通过出售、付费订阅、赞赏等方式实现了这些软价值；另一方面，更重要的是，平台企业通过卖家提供服务和内容，吸引了大量的买家，形成了自己的传播群体广度，而这些海量的服务和内容也在提升平台的软价值乘数，由此，平台的软价值也迅速提升。

由此可见，软价值平台型企业的成功规律是，第一阶段，积累社会公众价值，在这个阶段需要一定的投入，却难以马上获得回报。就像滴滴出行这家交通服务平台企业，在成立之初以大众接受度良好的出租车作为突破口，投入巨额资金为参加网约车服务的出租车司机提供奖励，也为选择网约出租车服务的乘客发放大量红包，鼓励乘客使用网约车，这个阶段就是积累社会公众价值，也就是创造传播群体广度的过程。

第二阶段，软价值平台型企业要吸引和整合资源，提升其软价值乘数。还是以滴滴出行为例，通过在乘客中推广网约出租车服务，建立起初步的传播群体广度之后，滴滴出行开始将大量的私家车资源进行整合，推广网约私家车（快车、顺风车）服务，成为远远超越传统出租车行业的出行平台企业。

第三阶段，软价值平台型企业可以通过快速复制，实现立体扩张和多元软价值兑现。在滴滴快车等服务成熟之后，滴滴出行又将城市的闲置巴士资源整合进来，推出滴滴巴士服务；将代驾司机资源整合进来，推出滴滴代驾；还继续向班车、专车、试驾、租车等领域扩张。业界认为，积累了大量用户、流量、数据后，滴滴出行也许还会进军电商、金融、造车等领域。

软价值的领导者与俱乐部战略

尽管人们的潜在精神需求是无限的，但是每一个人的注意力是有限的。在任何一个软价值含量高的领域，一旦先发者聚集了相当的客户与品牌优势，吸引了大部分人气、眼球和追随者，后来者就难以超越。因此，在软价值含量高的很多行业，常常只有第一、第二，后面的通常很难生存下去。

比如，在楼宇广告里的分众传媒形成规模效应后，其他公司很难与其竞争。这个细分行业的领导者——江南春，基本上一统楼宇广告的天下，成为中国近年上升速度最快的白手起家年轻富豪之一。

在腾讯微信获取了巨大成功之后，数亿中国人已经把他们的“精神社区”建立在“微信群”里面，此时甚至连阿里巴巴如此庞大的资源都无法再把公众的注意力从微信上转移开，因此阿里巴巴复制微信交流媒介的尝试最终失败。

我们把上述独占公众注意力的软价值战略叫作领导者战略。

在知识经济、信息经济、文化经济、金融经济、服务经济等领域，比“独占”公众注意力略逊一筹的是瓜分群体性注意力的俱乐部战略。

俱乐部通常是一个个松散的人际组织平台，通常对成员只有软件的约束力。创办一个俱乐部必须有足够强大的纽带，还需要集合多种资源，能干成这件事情的人或拥有独特资源，或是天生的领导者。[①] 一旦吸引了成员的注意力，通常会产生巨大的软价值。

以企业家俱乐部为例，不论在欧洲、美国，还是在如今的中国，越来越多的高端俱乐部都企图吸引优秀企业家的注意力。在中国，成立于2006年的中国企业家俱乐部是比较具有影响力的企业家俱乐部之一，该俱乐部经常组织各种国际访问、理事互访、中国企业家全球游学计划等活动，以此增强俱乐部凝聚力。而成立于2012年，由《中国企业家》杂志社原社长刘东华创办的“正和岛”不但吸引了大量活跃的企业家参与，而且经常组织企业家会员和“岛邻”开展各种各样的线上、线下的交流活动，据说活跃的成员有近3000名。伴随着中国A股创业板上市公司成长的俱乐部则以创业板上市公司董事长为主体，经常组织各种各样的交流活动。

在中国，更活跃的是各种商会俱乐部，比如福建商会、徽商会、浙商会、山西商会，传统上都具有很强的凝聚力。地方富人聚集而成的商会俱乐部由于拥有很强的地域渊源，所以比较容易建立信任，这一点通常在资金借贷上体现得尤为明显。通过常规金融渠道很难取得的融资，往往可以在商会内部很容易得到解决。

各种各样的富人爱好俱乐部也常常承载着巨大的软价值，比如跑车俱乐部、高尔夫俱乐部、马术俱乐部、足球俱乐部，各种各样

① 政治俱乐部也有类似的特点，其实联合国本质上就是一个以美国为首的大的政治俱乐部，G7（七国集团）也是个大国俱乐部，WTO（世界贸易组织）也是一个专注于贸易协调的俱乐部。毫无疑问，这些俱乐部都是以美国为中心的，是在主权时代通过软实力、软资源实现对话、沟通、资源整合的“俱乐部”——一旦这些“俱乐部”吸引了重要成员国的注意力，就成为一个主要的交流平台，其他同类的俱乐部就很难再构建起来。当然，俱乐部首先要保证领导者的利益，否则领导者通常会另起炉灶。比如WTO作为一个全球贸易俱乐部，自然由发起者美国主导，但是当中国逐渐适应了WTO的贸易规则并在传统的贸易领域话语权越来越强时，美国就开始发展新的贸易俱乐部，比如TPP（跨太平洋伙伴关系协议）。

的读书沙龙、读书会、音乐沙龙、美术沙龙、体育沙龙，其实都承载着不同群体的注意力，从而具有一定的社会公众价值。

当然，像“病毒”一样成长最快的俱乐部，在中国当属“微信群”这样的互联网俱乐部。表面上可能只是一个朋友群、一个主题群，但是群内的成员天天见面，成为人们事实上的“精神社区”。

构建一个俱乐部，不但需要定位人群、确定俱乐部的功能，通常还要依托独特的资源，依靠专业的组织者长期维护。比如正和岛的刘东华先生在担任《中国企业家》杂志社社长期间多年积累的企业家资源，以及长期维护都有极大的关系；而长期担任《英才》杂志社社长的宋立新女士也是一位出色的俱乐部构建者，出现在其每年主办的各种活动场合的，通常是一大批知名企业家、学者和慈善人士。

如同平台战略一样，构建俱乐部不能一开始就急于实现商业价值，恰恰相反，任何一个俱乐部必须把社会公众价值或群体价值放在第一位。比如，企业家俱乐部要有利于促进企业家的社会责任感，推动企业家之间的资源交换、资源整合、资源拓展，提升企业家的精神和生活品质；而商会更需要维护本地商人的利益；各种爱好俱乐部、学术沙龙、艺术沙龙更需要专注于为俱乐部成员提供他们在这里的诉求；甚至互联网微信群俱乐部也必须有明确的主题来吸引俱乐部成员的注意力，排除其他信息的干扰。

就在这些俱乐部为成员提供精神满足的过程中，巨大的软价值早已悄悄地产生了。不仅如此，对于美术作品、高端艺术娱乐等软产品而言，特定的俱乐部很可能是其主要价值实现方式，离开了特定的俱乐部战略，很多软价值根本就无法实现。

第五节　国家软价值战略

1905年，康有为写了一篇文章《物质救国论》，他已经懵懵懂懂地发现中国价值战略的落后——当列强都进入工业繁荣时期，中国生产停留在农业阶段必然是落后的。一百多年以后的今天，还没有彻底从几千年的重农主义财富观中跳出来的中国人，是不是又被一种可以称为“硬价值论”的思想禁锢了呢？

切勿用昨天的理论管理今天

中国“重物质财富、轻非物质财富”的思想，古已有之。几百年前，有人曾经说中国工业是“奇技淫巧”，认为纺织和服装行业只不过是把棉花变个花样，本身并不创造财富，所以中国工业发展不起来；几十年前，有人说商业是“投机倒把”，认为把一个东西从这里运到那里赚取差价并不能创造财富，结果商人被抓起来。今天，不能再用同样的逻辑来攻击软价值和管理经济。

事实上，“勤劳致富观”“物质财富观”等硬价值财富观都只是在重复、低效、持续地进行硬要素的投入累加，而受到地球硬资源和硬要素的存量限制，劳动、资本、土地等成本的取值是相对固定且有限的。而软价值的创造由于不受地球资源的限制，其投入成本除了土地、劳动、资本等要素外，更多的是来自人类创造性思维和技能性活动，不受资源要素的存量限制，是没有上限的。

对于当前的中国而言，继续用廉价的、相对固定的硬价值去交换发达国家的呈指数级增长的软价值，就如同当年的封建农业面对欧洲的工业资本一样，无法在财富战略方面胜出，也难以用落后的价值战略实现民族复兴之梦。一个国家如果仅仅知道所谓的“勤劳致富”，仅仅将眼光局限在硬价值生产领域，无异于想用硬价值的“算术级增长”去追赶软价值的“指数级增长”。

近现代制造业不但消灭了传统中小手工业，还把农村和农业变得面目全非，但如今美国只有600多万人从事农业，就能够满足4亿多美国人的吃饭问题，还可出口至其他国家。将来，互联网、人工智能、大数据等新技术的发展，也会把传统制造业改造得面目全非，而那些由于产能过剩、供给老化等原因正在经受冲击的传统制造业，应该如何积极利用新金融、新技术、新模式推动自身供给升级来拥抱软价值时代？

知识软价值战略

当前中国知识产业都保持着迅猛的发展势头，但无论是传统的教育培训产业，还是新兴的咨询产业、智库产业、会议论坛产业，都在空前的历史性战略机遇中面临着各种挑战。

就教育培训经济而言，中国传统的中小学教育需要彻底地进行革命性变革，改变过去适应硬价值时代的灌输旧知识教育、应对考试教育，以及与成人社会等级制度对应的班干部体制，让教育真正与软价值时代的市场和社会的需求相对应。

在传统的教育体制之外，各种形式的远程教育早就显示出更多的便利性，在这样的背景下，教育和培训逐渐摆脱了地点、时间的约束，变得更加灵活高效，逐渐超出了传统意义上的校园，发展出多种方式的知识传播与技能培训，体现出越来越多开放、平等、多元化的特征。尤其是随着互联网的发展，过去难以获取的知识和信息，互联网一搜即得；各种学术思想、名家讲义、教学案例到处都可以购买、下载，任何人在任何时候都能平等地从网络上获得想要的知识或技能。中国的教育培训经济必须尽快适应这种巨变。

从科研经济与科研产业发展情况来看，中国仍然没有摆脱以国家投入为主的科研体制。尽管这种科研体制的投入增长速度也很快，但面向市场的成果转换效率仍有提升空间。在政府出资的科研院所、企业内部的科研机构之外，中国专业的市场化科研机构还有待进一步培育。类似于硅谷、中关村产业园区等优势科研经济一旦形成，就可以自发地形成良性循环，不断催化出多种层次的科研软价值。

中国的咨询经济起步于 20 世纪 90 年代，除了财务会计咨询业务形成相对稳定的垄断竞争格局之外，其他诸如企业战略管理咨询、猎头与人力资源咨询、税务咨询、法律咨询、市场咨询与广告策划、资本市场市值管理咨询、舆情调查等，都处于新兴起步阶段，未来市场还将进一步细分，竞争格局还会深度演化。中国的家庭咨询业有可能成为新一轮的软价值增长点，其中健康咨询、教育咨询、保健咨询、理财咨询都是很有前景的软产业。

转型中的中国智库经济，无论本身的收入规模，还是国际影响力、政策影响力、市场化程度、人员素质等方面都与发达国家智库存在很大差距。事实上，在推动智库经济的发展方面，中国政府应当更加注重民间智库的作用，因为只有这类具备了相对独立性的民间机构才能够摆脱以论文评职称、领导批示、课题收入为目标的传统角色，更独立地表达有价值的思想，制定有可操作的政策方案。

为了支持民间智库的发展，中国政府应该适当放开非营利性民间组织的注册登记限制，让各类型的企业和社会群体都可以为推动中国改革尽一份力。此外，为了鼓励越来越多的社会资本参与发起设立民间智库，解决我国民间智库普遍面临的经费不足的问题，对于非营利性民间社团组织的收入，应该执行更有力度的税收优惠政策。

中国的会议或论坛经济仍处于起步阶段，在数量、影响力或组成结构上都与发达国家存在较大差距。为了推动中国会议和论坛经济的发展，应支持并鼓励各类社团、媒体、企业、高等院校、学术机构主办各种会议和论坛；官方应该积极支持、主动搭建平台，不断升级会议和论坛经济的规模和层次，为会议和论坛经济添彩增色；着力提升各类论坛的专业性、权威性、品牌特色，让会议和论坛成为企业、居民、政府、社团都能够得到精神享受和商业效益的新型软产业。

信息软价值战略

由于信息扩散速度加快，跨越国家边界的互联网社区缩小了全球的空间距离，所有国家都面临着越来越多超出它们的控制范围的信息管理问题，相对而言，信息的迅速扩散会更多地削弱大国的权力，并增强小国、企业和非政府行为体的权力。

在国家战略层面，中国应该充分重视信息软价值技术的应用与推广，让信息软价值成为深度改造经济结构的主要动力。根据“吉尔德定律”，成功的商业运作模式是，价格最低的资源将会被尽可能地消耗，以此来保存最昂贵的资源。如今，中国最为廉价的资源就是无处不在的新型信息软价值资源，关键是如何推动自发的信息内容创造与供给；如何更有效率地推动信息媒介的发展，加快信息传播；如何促进信息载体的社会资本投入、更新换代，以及如何推动通信融合。

信息产品在本质上是人类大脑思维活动的产物，是思维的语言、声音、图形的表现形式。推动信息内容的发展，关键是如何发挥国民的创造性。中国的人口众多，互联网用户也多，因此是信息内容创作能力最有潜力的国家。在有效管理不健康信息创作与传播的前提下，应致力于提高互联网的开放性与包容性，鼓励包括官员、学者、管理者、普通公民在内的不同层面的人群，参与到信息资源共享的进程中，分享更多的科研成果、社会认知、技术创新、商业信息、创业心得、管理经验、经济问题、政策批评、分析建议等，促进信息交流，抓住信息产业更新迭代的转型机遇，加强网络布局和新一代移动通信技术的基础设施建设；重视互联网、大数据、信息技术等信息资源的战略意义，提升信息资源开发、采集、加工、利用的综合处理能力，释放信息红利，构建信息优势；提升大数据分析、互联网+、云计算等信息技术的创新，促进互联网、大数据与电子政务、医疗、军工、金融等产业的融合和加速创新，促进向信息化、数字化、网络化、智能化的战略转型。

文化软价值战略

很多自身缺乏创造力的机构一手攻击海外文化产品为低级趣味、崇洋媚外，一手攻击市场上受百姓欢迎的文化娱乐产品为粗制滥造，但是自己创作出来的产品既僵化又毫无生命力，虽然围绕着如何弘扬中华文化的国家高度，生产的却是一篇篇空洞、高调的说教，全然不被老百姓接受。

为什么欧美的流行歌、好莱坞大片能够在中国大行其道？因为老百姓喜欢。比如，英语背后是欧美经济及西方文明的吸引力，汉语背后是中国经济的崛起及中国文明的吸引力。可是为什么新东方在中国能够大发展，而孔子学院在国外发展有强大的政府支持却依然影响有限？除了二者的吸引群体不同之外，主要因为新东方是市场化的产物，是创业者琢磨着如何开发人们学英语的需求创造出来的，而孔子学院是官方产物，是非市场化产物，是用某种力量推向市场的。可见，与市场的互动、交流、磨合是文化得以接受并长期保持活力的重要保障。

就制度环境而言，政府应该在本国政治体制和社会道德的范围内，明确各类文化娱乐产品的创作底线，并以法律的形式清晰地确立，事前明确对各种违法文化娱乐活动的相应惩罚机制。在建立健全相关制度法律、控制社会风险的前提下，放开管制，创造良好的市场化环境，鼓励各种民间文化娱乐发展，提升文化供给能力。

同时，加强与参与群体的互动，提升人们的文化参与感，提升文化的可接受度。建立完善的文化传播和交流机制，推动报刊、电视等传统媒体与网络、微信公众号等新媒体的融合发展，建立多渠道、广覆盖的传播网络，提升文化国际传播能力。

金融软价值战略

若金融因经济的需求而生，则金融能促进财富创造；若金融超出了经济发展的需求，则沦为纯粹掠夺财富的工具。次级按揭贷款危机之所以演变成全球金融危机，是因为金融的过度发展超越了财富创造本身的需求。

货币和金融资产是实体财富发展到一定阶段的必然产物，也是信用延伸所衍生出来的“软价值”。任何金融软价值一旦产生，就不再完全依附于它的本体，而是有其自身的运动规律，其价值更多地受到人们群体性认知的影响，带来市场的过度波动。

金融软价值的创造不能超出信用所能承载的范围。商业银行或信贷机构向消费者提供信用也应该以能够偿还为前提。而美国次级住房抵押贷款却把信贷提供给那些没有良好信用记录、没有支付购房首付款能力、没有足够的收入保障的人——这种金融活动本身已经背离了金融软价值创造的基本原则，结果就如同信用萎缩一样，反而破坏了信用，毁灭了财富。

中国是全球储蓄资源较丰富的国家，不仅拥有上百万亿元的居民、企业和政府储蓄，还拥有 3 万亿美元的外汇储备。然而与欧洲、美国的零利率不同，中国是全球钱最贵的国家之一，甚至 2013 年居然还多次上演“钱荒”的闹剧。

金融存在的本质意义应该是在储蓄者和企业之间架起一座桥梁，并以最低的成本把居民的储蓄转交给企业，然而中国的金融制度和金融机构却在储蓄者和企业之间挖了一道深不见底的“鸿沟”——鸿沟的一岸钱多泛滥，另一岸高利贷泛滥。那么到底是什么机制让全球钱最多的国家钱最贵呢？中国金融软价值战略应进一步解除金融抑制，疏通金融经络，建立风险投资、股票市场、债券市场、传统商业银行、网络银行等多层次资本市场，让资金价格真实地反映储蓄和信贷需求的关系，让市场在金融资源配置中发挥主要作用。

除了适度的信用扩张、重视资本市场，货币国际化战略也是金融软价值战略的重要组成部分。人民币国际化作为中国创造信用软价值的重要突破，既要积极推进，也不能脱离中国国际收支的情况而冒进。在开放的金融环境下，如果一个国家的汇率缺乏弹性，就会把外部世界的影响传入国内，从而影响本国的货币政策、贸易政策、就业政策、经济增长、物价政策。因此，应该通过有序推进人民币国际化进程，完善人民币汇率形成机制，提升中国在国际金融领域的软价值创造能力。

软价值时代财富的主导者与新要素

在任何时代，对财富的地区流向与分配影响最大的都是稀缺要素和不流动要素，谁掌握了稀缺要素和不流动要素，谁就将在价值分配中占主导地位。

在人类社会早期的奴隶时代，最核心的生产要素是奴隶，掌握了奴隶就掌握了财富的流向。在农业社会，土地开始成为社会的核心生产要素，掌握了土地就掌握了财富，其控制者是地主和封建主，他们拥有价值分配的主动权，成为当时的富人群体。而从全世界来看，哪个国家肥沃的耕地最多，哪个国家就最富，所以“四大文明古国”都是从地处大河冲积平原、土地资源充足的四大流域发展起来的，比如当时古埃及的尼罗河流域、古巴比伦的幼发拉底河与底格里斯河流域、古代印度的印度河与恒河流域，以及中国的长江、黄河流域。

随着航海和商业技术的普及，原材料可以任意获取，从农业转移出来的劳动力源源不断地到制造业寻求就业机会，资本成为稀缺要素。城邦和国家之间实力的对比摆脱了有形的地域和人口的限制，而开始以资本来衡量，战争的主要目的不再是掠夺人口或争夺土地，而是为资本寻找市场和原材料产地。因而那些通过土地的出售、商业和远程贸易、财产的变卖或抵押、借贷资本的利用、股票的发行、财政资金的支配，甚至通过掠夺、抢劫完成原始资本积累的“资本家”，在当时的财富分配中占有主导权。

在全球生产能力过剩的时代，市场和有消费能力的人口就成为吸引财富流动的主要因素。不同时代主导国家富强的核心要素各不相同，每一次人类价值创造方式的革命，都会带来一个时代的兴衰。

软价值时代，资本的迅速增长使生产要素之间的稀缺性发生进一步转变，资本家可以用“泰勒制”来监督工人的生产线，但不可能用同样的办法来管理软件研发、艺术创造、金融定价等软价值活动。相反，那些拥有创意、创作能力、技术和管理专长的经营者却可以轻而易举地从金融市场获得资本，人类创造性思维活动成为稀缺要素，知识、文化、信息、技术等软资源开始主导财富流向。

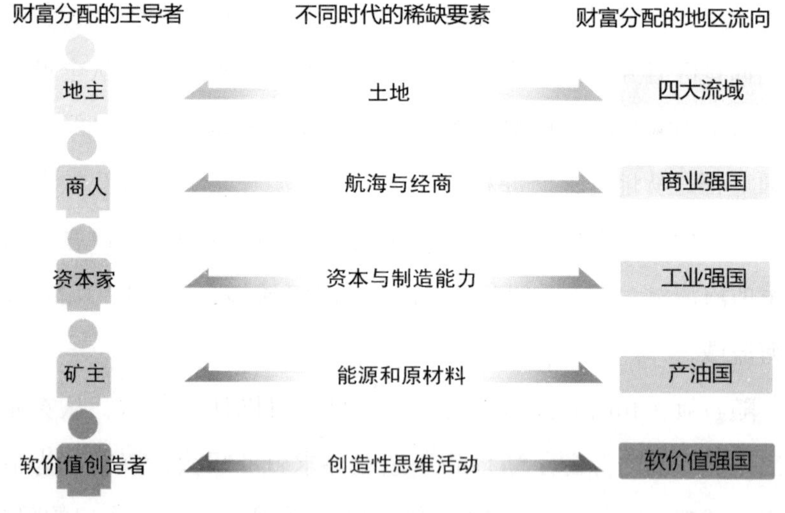

图 8.1　财富流向示意图

软价值时代的财富源泉主要不是自然资源，而是人的资源。一个国家能否可持续发展，关键在于能否在制造业硬价值总体饱和以后，及时完成从硬资源向知识、信息、文化、金融和其他服务类新要素转型。这些新要素既不消耗地球资源也不污染环境，只消耗人类的思维和智慧，是未来经济和价值的主要源泉。从财富的地区流向来看，在知识型跨国移民约束不断放松的背景下，对创造性思维活动最具吸引力的自然和人文环境将成为软价值时代的最终财富聚集地。

改善软环境，提升软实力

与自然资源、生态环境等限制经济发展的“硬环境”要素相对应，为软价值发展提供背景条件的则是“软环境”。软环境包括社会道德、法律、经济与企业制度等不同的维度。制度经济学的开山泰斗罗纳德·科斯曾意味深长地建言，在建立了商品与服务的市场经济体系之后，中国亟须建立一个自由的思想市场，应当鼓励不同的学术和商业思想百花齐放，百家争鸣，鼓励各种人才充分发挥自身价值。

同时，信用是软价值社会的基础，是最有吸引力的软实力。一个国家要决胜于软价值世界，就必须建立健全社会信用体系。从家庭到企业，从金融到制造业，从生产商到电子商务平台，都依赖信用支持，同时一个健全的社会信用体系还能吸引其他国家和地区的资源、要素进行软价值创造。如果一个地区的诚信衰落，其软产业发展就会不景气，软实力随之大幅下降；如果一个地区的信用体系越来越健全，软产业就会越来越发达。

著名学者约瑟夫·奈提出的“软实力”概念，软实力定义为文化的吸引力，并预言未来中国将成为亚洲乃至世界的巨人。在软价值时代的新形势下，打造一个有助于培育软财富要素的“软环境”，是提升软实力、增强国家竞争力的重要保障。

在软价值时代，与传统硬财富时代的资金扶持、补贴等政策相比，决策部门应当多在改善“软环境”、提升“软实力”上做文章，通过完善企业产权和知识产权制度、降低经济税负、完善社会保障制度，营造一个良好的“软环境”，改善创新型企业的经营环境，激发创新型人才的创造力，进而提升软实力。

参考文献

[1] 萨伊. 政治经济学概论[M]. 陈福生，陈振骅，译. 北京：商务印书馆，1963.

[2] 威廉·汤普逊. 最能促进人类幸福财富分配原理的研究[M]. 北京：商务印书馆，1986.

[3] 约翰·M. 凯恩斯. 货币论：货币的纯理论[M]. 何瑞英，译. 北京：商务印书馆，1986.

[4] R. 科斯，A. 阿尔钦，D. 诺斯. 财产权利与制度变迁[M]. 上海：上海三联出版社、上海人民出版社，1994.

[5] 道格拉斯·诺斯. 经济史中的结构与变迁[M]. 陈郁，罗华平，等，译. 上海：上海三联出版社、上海人民出版社，1994.

[6] 大卫·哈维. 地理学中的解释[M]. 北京：商务印书馆，1997.

[7] 约翰·M. 凯恩斯. 政治经济学概论[M]. 陈福生，陈振骅，译. 北京：商务印书馆，1997.

[8] 达尔文. 物种起源[M]. 苏德干，译. 西安：陕西人民出版社，2001.

［9］ 约翰·格利宾. 寻找薛定谔的猫［M］. 张广才，许爱国，谢平，张平，程太旺，译. 海口：海南出版社，2001.

［10］ 杨祖陶. 康德黑格尔哲学研究［M］. 武汉：武汉大学出版社，2001.

［11］ 约翰·齐曼. 技术创新进化论［M］. 孙喜杰，曾国屏，译. 上海：上海科技教育出版社，2002.

［12］ 胡代光，厉以宁，袁东明. 凯恩斯主义的发展和演变［M］. 北京：清华大学出版社，2003.

［13］ 乔治·索罗斯. 开放社会——改革全球资本主义［M］. 王宁，译. 北京：商务印书馆，2003.

［14］ 乔治·H. 米德. 十九世纪的思想运动［M］. 陈虎平，刘芳念，译. 北京：中国城市出版社，2003.

［15］ 陈平. 文明分岔、经济混沌和演化经济动力学［M］. 北京：北京大学出版社，2004.

［16］ 卡尔·亨利希·马克思. 资本论［M］. 中共中央马克思恩格斯列宁斯大林著作编译局，译. 北京：人民出版社，2004.

［17］ 史蒂芬·霍金. 时间简史［M］. 许明贤，吴中超，译. 长沙：湖南科学技术出版社，2005.

［18］ 史蒂芬·霍金. 时空本性［M］. 吴中超，译. 长沙：湖南科学技术出版社，2005.

［19］ 阿尔弗雷德·马歇尔. 经济学原理［M］. 廉运杰，译. 北京：华夏出版社，2005.

［20］ D. J. 奥康诺，主编. 批评的西方哲学史［M］. 洪汉鼎，等，译. 上海：东方出版社，2005.

[21] 大卫·兰德斯. 解除束缚的普罗米修斯[M]. 谢怀筑，译. 北京：华夏出版社，2007.

[22] 滕泰. 流金岁月[M]. 上海：上海财经大学出版社，2007.

[23] 滕泰. 投资银行[M]. 上海：上海财经大学出版社，2007.

[24] 晓林，秀生. 看不见的心[M]. 北京：人民出版社，2007.

[25] 弗雷德·艾伦·沃尔夫. 精神的宇宙[M]. 吕捷，译. 北京：商务印书馆，2007.

[26] 亚当·斯密. 国民财富性质和原因的研究[M]. 北京：商务印书馆，2008.

[27] 迈克尔·舍默. 当经济学遇上生物学和心理学[M]. 闾佳，译. 北京：人民出版社，2009.

[28] 滕泰. 财富的觉醒[M]. 北京：机械工业出版社，2009.

[29] 理查德·麦特白. 好莱坞电影：美国电影工业发展史[M]. 吴菁，何建平，刘辉，译. 北京：华夏出版社，2011.

[30] 滕泰. 透视通胀[M]. 北京：中国人民大学出版社，2011.

[31] 约翰·M. 凯恩斯. 就业、利息和货币通论[M]. 徐毓枬，译. 南京：译林出版社，2011.

[32] 葛詹尼加，等. 认知神经科学——关于心智的生物学[M]. 周晓林，高定国，等，译. 北京：中国轻工业出版社，2011.

[33] 亨利·伯格森. 创造进化论[M]. 姜志辉，译. 北京：商务印书馆，2012.

[34] 曼吉特·库马尔. 量子理论：爱因斯坦与玻尔关于世界本质的伟大论战[M]. 包新周，伍义生，余瑾，译. 重庆：重庆出版社，2012.

［35］约翰·格利宾. 寻找多重宇宙［M］. 常宁，何玉静，译. 海口：海南出版社，2012.

［36］龙多·卡梅伦，拉里·尼尔. 世界经济简史［M］. 潘宁，等，译. 上海：上海译文出版社，2012.

［37］杜·舒尔兹，西德尼·埃伦·舒尔兹. 现代心理学史［M］. 叶浩生，译. 南京：江苏教育出版社，2012.

［38］克里斯托夫·科赫. 意识探秘：意识的神经生物学研究［M］. 顾凡及，译. 上海：上海科学技术出版社，2012.

［39］曹天元. 上帝掷骰子吗［M］. 北京：北京联合出版社，2013.

［40］张轩中，黄宇傲天. 日出：量子力学与相对论［M］. 北京：清华大学出版社，2013.

［41］卡尔·门格尔. 国民经济学原理［M］. 刘絜敖，译. 上海：上海世纪出版集团，2013.

［42］滕泰. 大周期［M］. 合肥：安徽人民出版社，2013.

［43］滕泰. 民富论［M］. 上海：东方出版社，2013.

［44］维克托·迈尔-舍恩伯格，肯尼思·库克耶，等. 大数据时代：生活、工作与思维的大变革［M］. 盛杨燕，周涛，等，译. 杭州：浙江人民出版社，2013.

［45］亚德里安·斯莱沃斯基，卡尔·韦伯. 需求：缔造伟大商业传奇的根本力量［M］. 龙志勇，魏薇，译. 杭州：浙江人民出版社，2013.

［46］约翰·贝茨·克拉克. 财富的分配［M］. 王翼龙，译. 北京：华夏出版社，2013.

［47］布莱恩·阿瑟. 技术的本质[M]. 曹东溟，王健，译. 杭州：浙江人民出版社，2014.

［48］蒂姆·哈福德. 适应性创新：伟大企业持续创新的竞争法则[M]. 冷迪，译. 杭州：浙江人民出版社，2014.

［49］拉里·唐斯，保罗·纽恩斯. 大爆炸式创新[M]. 粟之敦，译. 杭州：浙江人民出版社，2014.

［50］乔纳·莱勒. 普鲁斯特是个神经学家：艺术与科学的交融[M]. 庄云路，译. 杭州：浙江人民出版社，2014.

［51］乔纳·莱勒. 想象：创造力的科学与艺术[M]. 简学，邓雷群，译. 杭州：浙江人民出版社，2014.

［52］迪恩·雷丁. 缠绕的意念：当心理学遇见量子力学[M]. 任颂华，译. 北京：人民邮电出版社，2015.

［53］阿米尔·艾克赛尔. 纠缠态[M]. 庄星来，译. 上海：上海科学技术文献出版社，2016.

［54］丹尼斯·奥弗比. 恋爱中的爱因斯坦[M]. 冯承天，涂泓，译. 上海：上海科技教育出版社，2016.

［55］吉姆·艾尔-哈利利，约翰乔·麦克法登. 神秘的量子生命[M]. 侯新智，祝锦杰，译. 杭州：浙江人民出版社，2016.

［56］安妮塔·埃尔伯斯. 爆款：如何打造超级IP[M]. 杨雨，译. 北京：中信出版社，2016.

［57］陈焱. 好莱坞模式：美国电影产业研究[M]. 北京：北京联合出版社，2016.

［58］滕泰. 新财富论[M]. 北京：化学工业出版社，2016.

［59］吴军. 硅谷之谜[M]. 北京：人民邮电出版社，2016.

［60］吴军. 浪潮之巅［M］. 北京：人民邮电出版社，2016.

［61］迈克尔·加扎尼加. 双脑记［M］. 罗路，译. 北京：北京联合出版公司，2016.

［62］李杰. “重磅炸弹”药物：医药工业兴衰录［M］. 张庆文，译. 上海：华东理工出版社，2016.

跋

软价值——将量子理论引入现代经济学的可贵探索

晏智杰[①]

一、将量子理论引入经济学的可贵探索

建立和发展适应当代社会发展要求的价值理论，无疑是一项具有重大理论和实践意义的课题。我以为，这种理论应能引领和推进社会生产力发展，反映当代市场经济发展的基本规律和趋势，并能吸收和借鉴当代自然科学研究的最新成就，与其并步而行。

回顾300多年来经济学价值论发展的历程，不难发现，经历时代变迁和社会实践的反复检验，至今仍处在不断发展中的经济学价值论，当数"多元要素价值论"。该理论自威廉·配第提出土地和劳动"二要素论"以来，中间经过萨伊提出增加资本的"三要素论"、马歇尔提出增加经营管理的"四要素论"，至今已发展到增加科学技

① 晏智杰先生是北京大学经济学院前院长（1993—2002），教授，博士生导师。

术在内的“五要素价值论”，不难设想，“五要素价值论”绝不会是经济价值论的终结。

当代条件下，科学技术已经上升为第一生产力，从而也是经济价值的第一创造力，这个论断称得上是对最近半个多世纪以来世界各国社会经济发展经验的总结和概括。然而，这个总结和概括是在经历了相当长时间的酝酿和讨论之后才被人们普遍认可的。起初，除了有人发出“科学技术若是第一生产力，劳动价值论往哪里摆？”的无理质疑之外，主要是面对战后日新月异且影响巨大的科技新成果（计算技术、航空航天、深海探索、生命科学、新材料、新能源等），人们一时还没有找到合适的概念和术语从总体上对其加以总结，先后出现过反映各个领域最新动态和成就的说法，如信息、超导、技术、基因等，不一而足，这是经济价值论发展过程中不能避免的现象，极为正常。

在科学技术和市场经济大发展形势下，层出不穷的新现象、新事物促使人们思考一个新的问题：在构成“科学技术”的众多因素之中，或者在其背后，是否存在一种更具根本性的要素和力量，对价值创造起引领和决定性作用？如果存在，它是什么？更有甚者，如果它能起到这样的作用，也就意味着这个要素或力量具有明显的相对独立性，犹如当初劳动、资本、经营管理在历史发展不同时期形成新的动力一样，那么它还能继续被“留在”科学技术这个范畴之内，作为对科学技术的最新解读吗？将其理解为发源于科学技术又独立于科学技术的新动力，也就是继五要素论之后的第六个要素，岂不是更合理吗？

出于这样的思虑，当我阅读滕泰博士的《软价值》时，喜悦和兴奋之情油然而生，因为我从中觉察出回答上述问题的某种端倪。作者首先区分了作为物质财富的“硬价值”和作为非物质财富的“软价值”，并将“软价值”的源泉归结为“创造性思维和技能性活动”。窃以为这在很大程度上是对科学技术这一要素的新解读，说不定也可以被认为是对价值源泉的第六要素的一种可贵探索。

之所以称之为对科学技术这一要素的新解读，是因为作者所说的当代创造性思维和技能性活动，可以被认为属于当代科学技术的范畴；之所以被认为是对价值创造“新源泉”的一种探索，是因为科学技术这个概念似乎又不足以囊括“创造性思维和技能性活动”的内涵。然而，将其作为一个创新价值的独立的新要素，似乎又有诸多不妥：它不包括硬价值的源泉在内，这似乎有失偏颇；它同样可以用来描述其他各个要素（劳动、资本、经营管理、科学技术等）在不同历史时期曾经先后充当过类似的角色，这似乎又有失宽泛；而且“创造性思维”和“技能性活动”这两个提法的分量似乎也显得不太相称；等等。但无论如何，企图在“科学技术”之中或之外探索价值创造的源泉，毕竟是一种勇敢的有益尝试，值得肯定。

作者据此进而论述了软价值的各种规律，以及软价值的实现条件等。其中包括对当今社会众多新现象的生动描述、细致分析和新颖评价，提出了一系列闻所未闻的论断，值得认真阅读和品味。作者能够做到这一点，主要得力于对当代世界，特别是我国改革开放以来，社会经济生活涌现的众多新事物和新现象的敏锐观察和深入分析，还得力于量子力学原理的深刻启发，从而注定了《软价值》一书具有鲜明的时代特征和科学品格。

应该说，将量子理论引入经济价值论探索，并非始自本书；然而，这样系统的、自成体系的，而且言之成理的成果，滕泰博士的《软价值》一书在国内当属第一，至今还是唯一。在当今世界中国经济发展阶段，我们特别需要这样的创造性思维，尽管其论点不一定都很成熟，但其所开辟的新思路、新分析方法是值得肯定的。

值得思考的是，量子论研究的对象是自然现象。而经济价值论研究的是社会经济现象，两者之间肯定有联系，而且有密切的联系，何况量子理论已经越来越多地转化为社会经济的成果，并在越来越多的领域发生了巨大作用。另外，两者之间也有区别，量子理论不能直接拿来就用。如何把量子理论的科学成果，包括思想方法、理论观点等，用到经济学上来，值得进行深入、持续的研究。

依据我对量子理论的粗浅了解，我觉得有一点需要重视：量子理论认为客观世界离不开人的意识，在研究外界事物时，一定要把人的意识加进去。这一点无疑也应当适用于对经济现象的研究，也就是说，研究经济学也不能离开人的意识，也就是观测者的意识。这跟我们的传统认识有很大的差别。过去总是讲，客观规律是不以人的意志为转移的，反复强调外界事物的客观性，强调人的主观认识是对外界客观事物的反映，尽管认可人的意识对外界客观事物具有反作用，但是肯定地认为客观外界是第一性的，人的意识是第二性的。量子理论把这个观念从根本上颠覆了，它讲的是，这个客观外界是存在的，但是如果你没有感知到它，它对你来说就是叠加的和不确定的；你观测和感知到它了，它对你来说才变成唯一的和确定的。不能说这种说法就是认为人的主观意识可以决定一切，更不意味着认可主观意识是外界事物的源泉，但它强调人的观测和意识决定了事物从叠加态转化为唯一态，从不确定转化为确定，这种观点是符合实际的，是站得住的，应该立足于此观察和研究经济学，首先是它的价值论。《软价值》一书后面对软价值规律以及软价值实现条件等的论述，都是基于这一点提出来的，因此从根本上来说是站得住的。

二、经济学的发展是否受到了量子理论的影响：两个例证

从量子力学原理的角度观察经济学价值论发展，即基于人的观测和感受来“确认”经济价值的存在及其数量决定等规律，在西方近代经济学发展史中是有先例可循的。首先引人注意者，当属与量子论几乎同时出现的经济学的“边际革命”，成就该项变革的是主观效用价值论的三位倡导者：英国的杰文斯（1835~1882 年）、德国的门格尔（1840~1921 年）和瑞士的瓦尔拉斯（1834~1910 年）；然后就是门格尔创始的奥地利学派（庞巴维克和维塞尔是第二代主要代表），该学派后来经过第三代（米塞斯和梅耶等）、第四代（哈耶克和马赫卢普等）；从战后第五代（罗斯巴德、拉赫曼、科兹纳等）起史称新奥地利学派，中间经过第六代（里佐、拉沃伊、卡里森、怀特、布洛克、萨勒诺等）发展至今已经是第七代（塞尔金、鲍特克、霍威茨、普雷契特科等）了。与西方主流经济学强调市场总能趋向供求均衡之结果，强调市场经济存在客观规律不同，他们总是强调市场过程的不确定性，强调企业家主观意识作用及其知识等对市场形成过程的影响，强调经济过程的自发性和不确定性，强调必须经由主观意识来观察的经济现象和规律才是确定的、可靠的，等等，所有这些观念，同量子力学强调人的观测使外界事物从不确定

变成确定的观念不谋而合。

凯恩斯（1883—1946）经济学可能同量子力学更有不解之缘。凯恩斯与量子理论创始人普朗克（1858—1947）是同时代人，他们甚至在德国柏林的一次聚会上交谈过。关于这次会见，凯恩斯后来在纪念马歇尔的文章①中有生动具体的描述和不无调侃的评论，不妨引述如下："著名的量子力学的创建者，柏林的普朗克教授有一次曾向我宣称，他早年的时候曾想学习经济学，但最终发现它太难了。普朗克教授可以在几天之内轻而易举地掌握数理经济学的全部内容，显然他指的并不是这些。经济学对逻辑与直觉的双重能力，以及对那些并不精确的事实资料的渊博知识提出了更高的要求，而像普朗克教授这样的科学家，其主要天赋在于进一步探究那些相对简单但精确度高的事实的含义与先决条件，经济学的要求对这样的人来说无疑是非常困难的。"

进一步来讲，凯恩斯的代表作《就业、利息和货币通论》（1936年，以下简称《通论》）已经蕴含了问世不久的量子论原理。例如，凯恩斯经济学的一个重要特点，就是强调人的主观意识对经济生活波动的重大影响，强调经济生活的不确定性，这与量子原理相吻合。不过，他没有明确指出这一点，我们长期以来也没有从这个角度理解它。在凯恩斯看来，决定现代资本主义社会非充分就业均衡的原因在于有效需求不足，而有效需求不足的原因在于存在三大心理规律：边际消费倾向递减规律决定了消费需求不足，边际投资效率递减规律和流动性偏好规律则决定了投资需求不足。这就把市

① ［英］J. M. 凯恩斯. 凯恩斯文集·精英的聚会［M］. 南京：江苏人民出版社，1997：243-244.

场经济条件下企业家和消费者的主观意识对现实生活判断（观测）的作用提到了首位，认为它们决定着经济生活的趋势和走向。事实证明，凯恩斯理论与量子理论是同步发展起来的，这其中可能存在某种必然性。

《通论》对经济学的最大贡献是，把过去的微观分析提升到宏观层次，把过去微观层次的追求供求均衡提到追求宏观层次的供求均衡，研究和分析了实现这种宏观均衡的条件，提出了相关政策建议，这种思路也同量子理论的发展相吻合。量子理论就微观层次的观察，发现了叠加效应、纠缠效应等，后来他们把这个认识扩展到自然界的宏观运动规律的认识上。从微观扩展提升到宏观，这是认识上的一种飞跃。

其实，凯恩斯在《通论》之前写作的《概率论》（1921年）对世界的理解已经包含了类似于量子论的思想。他认为世界本质上是可感知的，但又充满不确定性，我们要做的就是在一个不确定的世界中尽其所能地把握住它。为达此目的，他认为应当采用的不是归属于频率论的归纳法，即不是对具体数字和事实的事后总结和归纳，而应当采用归属于概率论的逻辑和演绎推理方法，依据此种方法，应当更重视通过人的主观意识作用，去把握和理解事物发展的趋势、走向和规律。后来的《通论》则是对这种分析方法的充分发挥和运用。

凯恩斯于1946年去世，他的思想被新古典综合学派的萨缪尔森等人所继承。尽管他们不一定提及量子论这个词，但是崇尚人的信念和观测的作用，强调社会经济发展的不确定性等观点均被继承下来，并得到进一步发展，形成了所谓的新古典综合学派。可见，继马歇尔经济学之后，西方经济学的价值论虽然没有提出新的价值理论，但经济学并没有停滞，也并非没有受到量子理论的影响，奥地利学派、凯恩斯学派、新古典综合学派等都有所发展。

三、价值的本质在于主体与客体的关系，软价值也不例外

“软价值”这个概念是相对于“硬价值”来说的，后者是指物质产品的价值，前者是指非物质产品的价值。这个划分我认为可取，比较形象地概括了这两种价值的形态：一个是物质的，看得见摸得着；另一个好像是虚的、看不见的，但又是实际存在的，包括知识产业、信息产业、文化产业、金融产业和其他服务业等，这样划分很形象，容易被公众所接受。

关于经济学价值的定义，向来有不同的甚至截然对立的理解，但将其理解为主体和客体的关系，则是经济学价值论的主流。我们知道，作为现代经济学和古典经济学的奠基人，亚当·斯密的《国富论》提出了两种价值论，一种将商品价值归结为“辛苦和麻烦”，另一种将商品价值归结为工资、利润和地租等“三种收入”；法国经济学家萨伊摒弃了前者，并将后者改造成劳动、资本和土地等三要素论；作为亚当·斯密的坚定继承者，李嘉图坚持了劳动价值论，并以此为基础，构建了他的经济学理论体系。然而，由于无法以其劳动价值论解释资本主义条件下最重要、最普遍的两种商品交换现实（一个是劳动与资本的交换，另一个是利润与资本量成比例而不与劳动成比例），最终导致了劳动价值论的破产和李嘉图学派的解体。这个事实具有极其重要的意义：从此之后，作为经济学理论基

础的价值论便告别了古典派劳动价值论的传统，走上了效用价值论—生产成本论—边际效用价值论即主观效用价值论，以及基于主观评价的边际成本论和边际效用论的综合之路。尽管其间几经变更和起伏，但坚持将价值归结为主体与客体之间的关系，即商品与人的需求之间的关系的观点和理论，一直延续至今，这同哲学意义的价值即主体和客体的统一的观点是一致和相通的。

应该强调的是，这里所谓主体与客体的关系，不是主观与客观的关系，而是两个客观存在的事实之间的关系。也就是说，人的需求本身（主体）与满足其需求的商品（客体）一样，也是一种客观存在，是同主观需求相关联的客观事实。二十多年前我在提出多元要素价值论的时候，还没有意识到其同量子论所关注的要点，即对外界事物（包括价值现象）的认知，须以主体对客体的观测和认知为前提条件这一点相联系。《软价值》这本书给了我极大的启发，原来主流价值观同量子理论是相同且吻合的。

《软价值》一书作者滕泰认为，在牛顿物理学主导的制造业及相关物质财富领域，传统价值理论仍然有效，即“硬价值”是由多元物质要素决定的，而“软价值”的源泉则几乎只是“创造性思维和技能性活动”，几乎没有或者具有很少其他物质要素的作用。这一点值得进一步斟酌和思考，因为这种思维与活动不能脱离它产生的环境，也不能脱离其他要素的作用。此外，价值无论硬软，似乎应该具有共同的价值内涵和创造源泉。也就是说，价值尢论“软硬”，似乎均应界定为主客体之间的关系，这符合经济生活的现实，也与“价值”这一范畴的最一般、最普遍的（即其哲学的）意义相吻合，这样说是否更妥当些？

总之，《软价值》从量子论的视角和高度，对现代社会的经济现象做出了一系列新的观察和结论，所呈现的是一种创造性思维方式和崭新的思路，值得予以大力肯定、支持和赞扬，所要做的是进一步地完善和发展。我们期待着《软价值》一书作者能够百尺竿头，更进一步，在将现代自然科学成果与现代经济学相结合的探索中，取得更丰硕的成果。